Epiktet

ÜBER DIE KUNST DER INNEREN FREIHEIT

Alte Weisheiten für ein Leben nach der Stoa

ÜBER DIE KUNST DER INNEREN FREIHEIT

Alte Weisheiten für ein Leben nach der Stoa

Epiktet

Herausgegeben und mit einer Einleitung versehen
von A. A. Long

Bibliografische Information der Deutschen Nationalbibliothek
Die Deutsche Nationalbibliothek verzeichnet diese Publikation in der Deutschen Nationalbibliografie. Detaillierte bibliografische Daten sind im Internet über http://dnb.d-nb.de abrufbar.

Für Fragen und Anregungen
info@m-vg.de

4. Auflage 2023

Türkenstraße 89
80799 München
Tel.: 089 651285-0

Die englische Originalausgabe erschien 2018 unter dem Titel *How to be Free. An Ancient Guide to the Stoic Life* bei Princeton University Press, 41 William Street, Princeton, New Jersey 08540. In the United Kingdom: Princeton University Press, 6 Oxford Street, Woodstock, Oxfordshire OX20 1 TR.

Übersetzung aus dem Englischen: Nicole Hölsken
Redaktion: Friederike Thompson
Korrektorat: Dr. Manuela Kahle
Umschlaggestaltung: Marc-Torben Fischer
Umschlagfoto: © shutterstock.com
Satz: Carsten Klein, Torgau
Druck: GGP Media GmbH, Pößneck
Printed in Germany

ISBN Print 978-3-95972-187-5
ISBN E-Book (PDF) 978-3-96092-344-2
ISBN E-Book (EPUB, Mobi) 978-3-96092-345-9

Für David

INHALT

EINLEITUNG

Wie wird man frei!? Ist das eine Frage oder ein Ausruf, ein politisches Manifest oder die Sehnsucht, zu den Wurzeln zurückzukehren, das Streben nach Autonomie oder nach Emanzipation aus der Unterdrückung? Dieses Buch präsentiert den Ansatz eines antiken, griechischen Philosophen im Hinblick auf die Freiheit, die Freiheit aufgefasst als Leben in Einklang mit der Natur, als Bestrebung, sich selbst zu besitzen und zu beherrschen, ein Weltbürger zu werden, ausschließlich und stets das zu begehren, was man auch sicher bekommen kann und so vieles mehr. Epiktet (ca. 55–135 n. Chr.), unser Autor und stoischer Lehrmeister, wurde als Sklave geboren (sein griechischer Name bedeutet »erworben«) und diente als solcher im Haushalt des Epaphroditus, eines mächtigen Mannes in Neros Rom, der selbst ebenfalls ein freigelassener Sklave war. Zu dem Zeitpunkt, da Epiktet seine Gedanken zur Freiheit öffent-

lich kundtat, hatte er schon mehrere Jahre das freie Leben genossen, aber die Erfahrung der Sklaverei zieht sich wie ein roter Faden durch seine Philosophie und hinterließ dort ihre Spuren. Die erste Lektion seines *Encheiridion*, seines Handbuchs zum Stoizismus, beharrt darauf, dass alles, was wirklich auf unserem eigenen Handeln beruht, *von Natur aus frei, ungehindert und ohne Zwang sei*.

Seiner Auffassung nach ist Freiheit kein juristischer Status und auch nicht die Möglichkeit, sich frei zu bewegen. Es handelt sich um die geistige Orientierung von Menschen, die Frustrationen oder Enttäuschungen gleichgültig gegenüberstehen, weil ihre Wünsche und Entscheidungen von ihnen selbst abhängen und nichts beinhalten, das sie sich nicht selbst verschaffen können. Der Kaiser Marcus Aurelius (auch Mark Aurel, regierte 161–180 n. Chr.) verstand das und verarbeitete diesen Gedanken in seiner stoischen Schrift *Meditationen*. Der Romancier Tom Wolfe folgte seinem Beispiel in seinem 1998 erschienenen Roman *Ein Ganzer Kerl*. Hier beschreibt er, wie sein junger Held

sowohl einem buchstäblichen als auch einem metaphorischen Gefängnis entkommt, nachdem er die *Lehrgespräche* des Epiktet gelesen und verarbeitet hatte.

Die größte Beschränkung der persönlichen Freiheit im antiken Griechenland und Rom kannte Epiktet aus erster Hand, nämlich die gesellschaftliche Praxis und Würdelosigkeit der Sklaverei. Die Sklaverei, durch die man buchstäblich einem anderen gehörte und den Belangen eines anderen diente, gab der Freiheit in der Antike ihren besonders positiven Wert und ihre emotionale Bedeutung. Die körperliche Bewegungsfreiheit von Sklaven während ihrer wachen Stunden wurde durch die Wünsche ihrer Herren ebenso stark beschränkt wie durch die niederen Aufgaben, die sie zu verrichten hatten. Aber Sklaven besaßen wie alle anderen auch Verstand, und sowohl der Geist als auch der Körper kann Freiheit oder Beschränkung unterlegen sein. Man kann äußerlich frei und innerlich ein Sklave sein, kontrolliert von psychologischen Herren in Form von innerlich fesselnden Wünschen, Leidenschaften und Sehnsüchten.

Umgekehrt kann man äußerlich gefangen sein, ja sogar buchstäblich in Fesseln liegen, innerlich aber von jeglicher Frustration und Disharmonie frei sein, in der Tat so frei, dass man feststellt, dass man das eigene Wohlbefinden selbst in Händen hält, dass einem wenig oder sogar nichts fehlt, mit dem man sich selbst nicht versorgen könnte. Im Wesentlichen ist das jene Freiheit, die Epiktet, jener antike Philosoph der Stoa, zum zentralen Thema seiner Lehren machte.

EPIKTET IN SEINER ZEIT UND UMWELT

In den ersten Jahren des zweiten Jahrhunderts nach Christus gründete dieser ehemalige Sklave in Nikopolis, einer im Nordwesten Griechenlands gelegenen Stadt, die zur modernen Metropole avanciert war, eine Schule für junge Männer. Einer seiner Schüler war ein begabter junger Mann namens Arrian. Lucius Flavianus Arrianus, um seinen vollen Namen zu nennen, war von der Botschaft seines Lehrers so beein-

druckt, dass er die Vorträge über die stoische Philosophie, die er von Epiktet gehört hatte, in insgesamt acht Büchern zusammenstellte, den sogenannten *Lehrgesprächen*. Er schrieb sie mehr oder weniger wortgetreu auf, verfasste aber zusätzlich auch noch eine Zusammenfassung, die wir als *Encheiridion* oder *Handbüchlein der Moral* kennen. Das vorliegende Werk mit dem Titel *Epiktet: Über die Kunst der inneren Freiheit* basiert auf meinen Übersetzungen des *Encheiridion* (übertragen ins Deutsche von Nicole Hölsken) und auf neun Auszügen der vier noch erhaltenen Bücher der *Lehrgespräche*. Arrian verfolgte sodann eine glanzvolle Karriere in der Römischen Verwaltung und veröffentlichte viele andere Bücher, einschließlich einer Geschichte Alexanders des Großen. Wir wissen nicht, wie es ihm gelang, die tatsächlichen Worte des Epiktet zu reproduzieren, aber der Text, der uns überliefert ist – verfasst in *koinē*, dem Umgangsgriechisch, das auch im Neuen Testament benutzt wurde –, ist offensichtlich die Sprache seines Lehrers und nicht bloß Arrians Version von Epiktets Sprechweise.

Als Leitfaden zur stoischen Lebensweise ist Epiktets Philosophie, insbesondere wie sie sich im *Encheiridion* präsentiert, seit der Erstveröffentlichung und dem Erstdruck im sechzehnten Jahrhundert, sehr beliebt. Seine Worte, die in zahlreiche Sprachen übersetzt und neu übersetzt wurden, treffen den Kern, weil sie sich so scharf und eindringlich auf Situationen konzentrieren, die vielen Menschen zu jeder Zeit und an jedem Ort gemein sind. Die Gefühle, für die er Heilung verspricht – Furcht, Angst, Neid, Wut, Groll, Kummer –, hat jedermann schon einmal erlebt, ob er nun im Kaiserlichen Rom oder im modernen Amerika lebt. Insofern benötigt Epiktet keine Einleitung. Doch während einige seiner Szenarien vertraute Platzhalter für unsere eigenen Erfahrungen sind, finden wir doch auch manche, die das spezielle Umfeld und die Sitten und Gebräuche der damaligen Zeit widerspiegeln.

Wir finden uns in einer Zeit wieder, zu der Sklaven gehören (*Encheiridion* 12, 14, 26), öffentliche Bäder (ibid. 4, 45), Gladiatorenspiele (ibid. 29, 33) und professionelle Wahrsager

(ibid. 32). Eine Gefahr, der Epiktet selbst ausgesetzt war, war das Exil (ibid. 21). Das Kaiserliche Rom und seine Provinzen wurden durch ein streng reglementiertes und konkurrenzbetontes System aus Ämtern und Amtsträgern regiert (ibid. 19, 24). Gerangel und Intrigen um Ämter gehörten dazu, was wiederum die Suche nach Mäzenen, die Teilnahme an Festgelagen und das Bestreben, einflussreiche Persönlichkeiten zu beeindrucken implizierte (ibid. 19, 24, 25, 33).

Epiktet betont, wie wichtig es ist, sich die eigene Unabhängigkeit zu bewahren, was uns ins Gedächtnis ruft, dass seine jungen Schüler, wie auch sein Chronist Arrian, an der Schwelle zu großen Karrieren in der Kaiserlichen Armee oder im öffentlichen Dienst standen. Es handelte sich um eine von Männern dominierte Kultur, wie er mit seinen Bemerkungen über Frauen und deren Rolle deutlich macht (ibid. 40), aber das *Encheiridion* im Allgemeinen hat keine offensichtliche geschlechtliche Orientierung und ist vollkommen frei von Männlichkeitswahn. Das »du« und »wir«, das Epiktet

anspricht, kann jeder von uns sein, wobei kulturelle Unterschiede kaum eine Rolle spielen.

Die römische Welt war zu seinen Lebzeiten eine vollkommene Autokratie, an deren Spitze der Kaiser oder Caesar stand. Epiktet kommt nur selten auf Politik zu sprechen, erwähnt Caesar nur ein einziges Mal in seinen Büchern (*Lehrgespräche 3*) und spielt niemals auf historische Begebenheiten an. In den kompletten Lehrgesprächen (z.B. 1.2) kommt er gelegentlich auf historische Persönlichkeiten zu sprechen, die sich kaiserlichen Anordnungen widersetzten, aber in Bezug auf die Kaiser, die zu jener Zeit, da er in Griechenland lehrte, herrschten, bewahrt er vollkommenes Stillschweigen. Obwohl Freiheit von Anfang an ein zentraler Begriff in der stoischen Weltanschauung war, verdankt sie ihre besondere Bedeutung Epiktet, nicht nur, weil er seine frühen Jahre als Sklave verbrachte, sondern auch, weil die Menschen, an die er sich wandte, keinerlei Aussicht auf politische Autonomie hatten.

STOIZISMUS UND FREIHEIT

Die stoische Philosophie hat ihren Ursprung im Griechenland des ausgehenden vierten Jahrhunderts vor Christus. Die Gründerväter waren Einwanderer, die aus dem östlichen Mittelmeerraum nach Athen gekommen waren. Die Stadt war nicht länger eine lebendige Demokratie wie zu Zeiten des Sokrates, sondern ein Satellitenstaat des Königreichs Mazedonien. Der Verlust der politischen Autonomie spiegelte sich in Athen auch in der Philosophie wider, und zwar durch Innenschau und die Fokussierung auf Ethik. Weder die Stoa noch die Epikureer, jene andere führende hellenistische Schule, befassten sich allzu sehr mit politischen Theorien, wie ihre Vorgänger Platon und Aristoteles es getan hatten. Das gesellschaftliche Erkenntnisinteresse der jüngeren Philosophen lag nicht auf Politik oder Gesetzgebung, sondern auf dem persönlichen Wohlbefinden und der Selbstvervollkommnung. Diese Wendung nach innen wird auffallend durch die Art und Weise illustriert, wie das stoische Gedanken-

gut von Anfang an mit Gedanken über Freiheit und Sklaverei umging. Man fasste beides als vornehmlich ethische und psychologische Nenner auf und weniger als Zeichen des sozialen Status. Zenon zufolge, dem ursprünglichen Kopf der Stoischen Philosophie, ist Freiheit das exklusive Vorrecht der Weisen, während minderwertige Personen, zu denen er die Mehrheit der Menschen zählt, nicht nur töricht, sondern sogar Sklaven sind.

Auf den ersten Blick ist man vielleicht schockiert über dieses intellektuelle Elitedenken und seine Unempfindlichkeit dem Joch der Menschen gegenüber, die das Unglück hatten, buchstäblich versklavt zu sein. Man beachte aber, wie radikal Zenons Behauptung in einer auf Sklavenhaltung basierenden Wirtschaft war, wie sehr sie die Bewertung des Einzelnen in Bezug auf die konventionelle Diener-Herren-Dichotomie infrage stellt. Wenn Weisheit das wahre Kriterium ist, das zur Freiheit führt, verlagert sich die Hauptbürde der Sklaverei vom Äußeren ins Innere, vom Körperlichen zum Geistigen, und Philosophie und nicht

der Freibrief wird zur eigentlichen Quelle der Freiheit. Dieser kompromisslosen Lehre zufolge ist man versklavt, wenn man sein Herz an irgendetwas hängt, das mit Hindernissen einhergeht, sei es, weil der eigene Körper einen im Stich lässt, oder man Sklave der eigenen Leidenschaften und Gefühle ist oder weil man das eigene Wohlbefinden von Äußerlichkeiten abhängig macht – von Menschen, Besitz, Beliebtheit oder auch einfach nur dem Glück.

In seinem gefeierten Essay »Zwei Freiheitsbegriffe« unterschied Isaiah Berlin zwischen »negativer Freiheit«, also der Vorstellung *von* äußeren Zwängen frei zu sein (nicht durch andere beeinträchtigt zu werden) und »positiver Freiheit«, also der Freiheit, *so zu sein oder zu leben* wie man will (Selbstbestimmtheit oder Selbstbestimmung). Für Epiktet kommen diese beiden Vorstellungen einander so nah, dass sie einander beinhalten, wie aus folgender Passage ersichtlich ist:

> Unser Herr ist jeder, der die Macht hat, die Dinge, die wir wollen oder nicht wollen, zu

> gewähren oder zu verhindern. Wer immer also frei sein will, sollte sich nichts wünschen und nichts meiden, das anderen Menschen obliegt. Wem das nicht gelingt, der ist zwangsläufig ein Sklave. (*Encheiridion* 14)

Wir könnten den zweiten Satz auch anders formulieren: »Wer immer von äußeren Zwängen frei sein will, sollte seine Wünsche und Abneigungen auf Dinge beschränken, über die er die vollständige Kontrolle hat.«

Wie können wir sicher gehen, dass eine solche Wahl gut für uns und die Menschen in unserer Umgebung ist? Warum sollten wir auf uns selbst vertrauen, statt den zehn Geboten oder anderen altehrwürdigen Handlungsmaximen zu folgen? Woher sollen wir wissen, wie wir uns entscheiden sollen? Die Antwort auf diese Fragen führt uns zurück zu Zenons »Weisheit« als Essenz der Freiheit. Sein griechisches Wort *sophia*, in seiner normalen Gebrauchsform, kann jegliche Art von Expertise abdecken, angefangen von praktischem Handwerk wie dem Zimmermannshandwerk bis hin zu abstrak-

tem Wissen wie die Kenntnis der Geometrie. In sämtlichen Fällen bezeichnet *sophia* den erfolgreichen Einsatz einer Fähigkeit, und die Fähigkeit, die Zenon und ihm nachfolgende stoische Philosophen am meisten interessierte, ist die Kunst des Lebens. Diese Kunst umfasst das Wissen darum, wie wir in Harmonie mit unserer menschlichen Natur und unserer sozialen und physischen Umgebung leben können. Dieses Verständnis zu erlangen oder es zumindest zu versuchen, obliegt dem Verstand, und der Verstand ist gemäß stoischen Lehren das, was den Menschen von den Tieren unterscheidet. (*Lehrgespräche* 7, 8)

EPIKTET ALS LEHRER DES STOIZISMUS

Die Texte des Epiktet, die Sie hier lesen werden, gehen näher auf diese Lehren ein und erforschen ihre Auswirkungen als Leitfaden für das Alltagsleben. Seine Inhalte decken eine enorme Bandbreite an Situationen ab, die von

alltäglichen Umständen des Familien- und Berufslebens bis hin zu herausfordernden Situationen wie Krankheit, Armut und Tod reichen. Epiktet unterscheidet nicht scharf zwischen Moral und Verhalten (siehe *Encheiridion* 33). Alles, was wir zu tun oder zu denken aufgerufen werden, ist dieser einen Hauptfrage untergeordnet: Ist dieses oder jenes etwas, das wirklich meiner Entscheidungsgewalt unterliegt, das ich beeinflussen kann, oder sollte ich es mit Ruhe und Leidenschaftslosigkeit als eine Situation akzeptieren, die durch Dinge herbeigeführt wurde, die jenseits meiner Kontrolle liegen? Wenn wir kurz darüber nachdenken, erkennen wir, dass diese Entweder-oder-Frage beinahe jede vorstellbare Situation abdeckt. Jemand behandelt Sie grob: Das entzieht sich Ihrer Kontrolle, aber Sie haben die vollständige Freiheit, wie Sie darauf reagieren. Unfälle passieren, ein Angehöriger stirbt, Sie bekommen den Job nicht, auf den Sie sich beworben haben, Sie werden krank. Nichts von alldem ist auf Ihre Initiative oder Ihre Verantwortung zurückzuführen, aber eine Möglichkeit bleibt

Ihnen auf jeden Fall: Sie können die Situation anders einschätzen und als Gelegenheit betrachten, sich eben nicht als Opfer äußerer Mächte, als jemand, dem man übel mitgespielt hat, oder als außergewöhnlich unglücklich zu betrachten.

Will man Epiktets Freiheitsbotschaft in prägnante, moderne Formulierungen fassen, so passen sie zu schlichten Ratschlägen wie: »Wach auf!«, »Werd erwachsen!«, »Zeig, aus welchem Holz du geschnitzt bist!«, »Lass gut sein!«, »Kümmere dich um deinen eigenen Kram!«. Einige mehr oder weniger genaue Entsprechungen zu diesen Slogans finden Sie in den übersetzten Texten dieses Büchleins. Sie sind uns vertraut, was damit zusammenhängt, dass die stoische Philosophie die westliche Denkweise und Erziehung seit der Zeit, da Epiktet, Seneca und Marcus Aurelius in die europäische und amerikanische Kultur integriert wurden, maßgeblich beeinflusst hat. Es waren diese Autoren, die die Wurzeln unserer modernen Auffassung von »Philosophie« und »philosophisch« als heitere, ruhige oder gar resignierte Haltung

angesichts von Schwierigkeiten bilden. Diese Einstellung ist heutzutage nicht modern, da sie nicht mit der Vorstellung von Authentizität, Erwartung und der Zurschaustellung von Gefühlen sowie Durchsetzungsvermögen einhergeht. Aber in der Praxis sind diese Maximen, wie stoische Fachleute herausgefunden haben, auf zeitlose Weise bedeutsam und besonders in unserer hektischen Welt der sozialen Medien, der Clips, der Validierung, der Empörung, der Aufmerksamkeitsheischerei und selbst gewählten Angst anwendbar.

Parolen wie »Wach auf!« und so weiter haben ihre Berührung zu den antiken, stoischen Fundamenten verloren. Epiktet jedoch macht daraus Ratschläge, wie Menschen ihr Leben am besten gemäß dem stoischen Verständnis von Natur, Psychologie und menschlichen Werten organisieren können. Obwohl Epiktets Sprache schlicht und informell ist, neigte er nicht zu Slogans. Auf populäre Weise präsentierte er ein kompliziertes, philosophisches System, das – wie es bei jedem philosophischen System sein sollte – auf exakter Argumentation,

innerer Stimmigkeit und empirischer Begründbarkeit fußt.

Eines seiner Schlüsselworte ist Natur (griechisch: *physis*). Dieser Terminus deckt drei miteinander verbundene Bereiche ab: (1) die Struktur und den Inhalt der greifbaren Welt, also den Gesamtrahmen unseres Wortes »Physik«, (2) die menschliche Natur im Hinblick auf unsere geistigen Fähigkeiten, Begabungen und Möglichkeiten und (3) die Werte, die mit menschlichen Leistungen und einem blühenden Leben in Einklang stehen oder eben ihr widersprechen. Als Hintergrundinformation zur Lektüre des *Encheiridion* und meiner Auswahl an Textauszügen aus den *Lehrgesprächen*, hier ein kurzer Überblick über diese drei Gebiete der Natur im Stoizismus wie Epiktet sie verstanden wissen will.

LEBEN IN HARMONIE MIT DER NATUR

1. *Die äußere Natur*: Epiktet folgt seinen stoischen Autoritäten, die die physische Welt als eine vollkommen deterministische Struktur aus Ursache und Wirkung begriffen. Nichts geschieht rein zufällig oder ohne Grund; deshalb ist es nach Auffassung der Stoiker auch absurd, sich über Naturereignisse zu beklagen, die sich ohnehin so zutragen mussten. Sämtliche Phänomene sind qua Vorsehung von einem rational Wirkenden verursacht (der stoischen Göttlichkeit), das allem, den belebten wie unbelebten Dingen, innewohnt (*Encheiridion* 31, *Lehrgespräche* 1), »das göttliche Gesetz, durch das sämtliche Ereignisse geregelt werden« (Seneca, *Moralische Briefe* 76.23). Ereignisse entsprechen stets dem göttlichen Gesetz, sogar, wenn sie aus rein menschlicher Perspektive zufällig sind oder den konventionellen

Vorstellungen von Nutzen und Schaden zuwiderlaufen. Epiktet unterscheidet strikt zwischen Ereignissen, die der Natur im äußerlichen Sinne zuzuschreiben sind, und menschlichem Wirken oder Willen. Dieser innere Teil der Natur ist jener Teil, den Gott, wie der Stoiker es formulieren würde, uns als Gelegenheit zugewiesen und unserer Verantwortung überantwortet hat (*Lehrgespräche* 6 und 8). Nichts, das der äußeren Natur zugeschrieben werden kann, ist schlecht oder kann anders sein, als es ist (*Encheiridion* 27). Als Menschen können wir versuchen, die äußere Natur zu verstehen und unsere Handlungen sowie unsere Einstellung darauf abzustimmen. Oder wir können uns dagegen auflehnen und werden so gewaltsam mit Situationen konfrontiert, denen wir uns aufgrund der natürlichen Kausalität im Grunde gar nicht widersetzen können (*Encheiridion* 53). Die letztere Haltung ist irrational, frustrierend und zwecklos –

also alles, was der Stoiker zu vermeiden sucht.

2. *Menschliche Natur*: Im ersten Abschnitt des *Encheiridion* geht Epiktet auf die psychologischen Ressourcen ein, die einen reifen Menschen befähigen, frei innerhalb der Natur zu leben, wie sie im vorangehenden Abschnitt definiert wurde. Durch die Sprache der Freiheit grenzt er den Verstand von dem ab, was wir normalerweise für die grundlegenden Teile unseres Selbst halten: von unserem Körper und der Identität beziehungsweise unserer Stellung in der Welt, die wir erworben haben. Durch diese Konzentration auf den Verstand wird dieser zur ausschließlichen Domäne, durch die Menschen absolut und bedingungslos frei, souverän und ungehindert sein können. Der Verstand, so behauptet er – wobei er unter diesem Begriff Urteilsvermögen, Motivation und Willenskraft subsummiert –, »obliegt« ausschließlich uns selbst, steht in unserer Macht;

in der Tat *sind* wir unser Verstand, wenn wir uns auf unsere Kräfte der Selbstbestimmtheit konzentrieren und nicht zulassen, dass die Dinge, denen die Welt huldigt, unsere Wünsche und Abneigungen kontrollieren (*Encheiridion* 2). Epiktet beschreitet verschiedene Wege, das erhabene Leben eines freien Menschen zu beschreiben. So benutzt er beispielsweise die Formel den »Willen im Einklang mit der Natur bewahren« (*Encheiridion* 4). Das Wort, das hier mit »Willen« übersetzt wird (griechisch *prohairesis*) kann auch durch »Absicht« oder »Entscheidung« wiedergegeben werden. Der griechische Begriff deckt zum einen den allgemeinen Charakter eines Menschen ab, zum anderen aber eine spezielle Entscheidung oder Wahl. Frühe Stoiker bezeichneten dies als die psychologische Fähigkeit der »Zustimmung«. Einklang mit der Natur und Freiheit erlangt man, indem man den Verstand oder Willen oder die eigene

Zustimmung auf diejenigen Dinge richtet, die man beeinflussen kann (Wünsche, Urteile, Beweggründe) und indem man sich mithilfe der Vernunft und eines Verständnisses für die äußere Natur an den Rest anpasst.
Eine weitere beliebte Formulierung greift auf das stoische Denkmodell von Eindrücken oder Erscheinungsbildern zurück (griechisch: *phantasiai*). Hierbei handelt es sich nicht einfach nur um auf die Fantasie zurückgehende Gedanken, wie unser vom griechischen Begriff abgeleitetes Wort Fantasie nahelegt, sondern um alles, was uns die ganze Zeit über in den Sinn kommt, seien es bestimmte Erlebnisse, die uns über unsere Sinnesorgane beeinflussen, oder Gedanken, die wir bewusst wachrufen, oder Ideen, die uns einfach unwillkürlich kommen (*Encheiridion* 1, *Lehrgespräche* 7). Eindrücke können entweder klar oder verschwommen, wahr oder falsch, so simpel wie der Anblick des eigenen

Hundes, so frei erfunden wie Superman oder so komplex wie der Gedanke an ein Schwarzes Loch sein. Die Bandbreite der Eindrücke ist unbegrenzt, aber was Epiktet vornehmlich interessiert, sind die mentalen Ereignisse, die die Autonomie und Gelassenheit des Einzelnen erschüttern können, weil sie mit starken Gefühlen einhergehen, die uns in die Irre führen können. Jeder wird von Zeit zu Zeit von derlei Eindrücken beeinflusst, und für sich betrachtet sind sie häufig spontan und entziehen sich unserer unmittelbaren Kontrolle – eine Sexfantasie, eine Panikattacke, Sorgen um die eigene Gesundheit oder um die Familie, Angst um den Zustand der Welt und so weiter. Um unser Leben so voll wie möglich ausschöpfen zu können, beharrt Epiktet darauf, dass wir uns unseren Eindrücken stellen sollen, insbesondere den verstörenden. Wir sollten uns daran gewöhnen, mit ihnen umzugehen, sie zu deuten, ihr Auftreten zu verstehen und

sie oder zumindest unsere Reaktion auf sie unserem Willen und der Fähigkeit zur Zustimmung unterzuordnen (*Lehrgespräche* 7,9).

3. *Werte*: Grundlegend für diese Gedanken über die äußere Natur und die menschliche Natur ist die radikale Klassifikation der Werte, die kennzeichnend für die Stoiker sind. Um dieses Element ihrer Philosophie zu verstehen, kann das folgende Diagramm hilfreich sein.

Gutes	Schlechtes	Indifferentes
Grundsätzlich nützlich	Grundsätzlich schädlich	Weder grundsätzlich nützlich noch schädlich
Obliegt uns	Obliegt uns	Obliegt uns nicht
Tugend, Weisheit, Glückseligkeit	Fehlerhaftigkeit, Torheit, Traurigkeit	z. B. Armut, Reichtum
Verstandesabhängige Harmonie mit der Natur	Verstandesabhängige Disharmonie mit der Natur	Nicht verstandesabhängig

Der Schlüssel zu diesen Wertekategorien ist die Vorstellung, dass Gutes und Schlechtes vollkommen im Verstand der Menschen verhaftet sind, ebenso wie in ihrem Charakter und ihren Handlungen – sie sind nicht Eigenarten der äußeren Natur oder äußerer Ereignisse (*Encheiridion* 6, 19, 31). Diese Lehre beschränkt Gutes oder Schlechtes auf den Nutzen oder Schaden, den wir uns selbst zufügen, indem wir beschließen, auf eine bestimmte Weise zu handeln oder zu reagieren. Gut und Schlecht behalten ihren jeweiligen Sinn von »nützlich« und »schädlich«, aber die stoische Philosophie definiert Nutzen (Güte) und Schaden (Schlechtigkeit) gemäß den Kriterien, die in dem Diagramm zu sehen sind.

Um Gutes von Schlechtem zu unterscheiden, sind die einzigen Dinge, die wirklich zählen, entweder grundsätzlich nützlich oder grundsätzlich schädlich. Etwas Gutes ist zum Beispiel die Weisheit, denn sie ist immer und bedingungslos

nützlich für den weisen Menschen. Nützlichkeit ist ein wesentliches Merkmal der Weisheit und aus dem gleichen Grund ist Torheit grundsätzlich schädlich. Alles andere fällt in die Kategorie der indifferenten Dinge (griechisch: *adiaphora*, *Encheiridion* 32), was bedeutet, dass Dinge dem Wesen nach weder gut/nützlich noch schlecht/schädlich sind. Viele Dinge werden als indifferent gewertet, denn es wäre sinnlos, sie als positiv oder negativ zu betrachten: beispielsweise die Anzahl der Haare auf dem Kopf oder die Wahl zwischen der einen Erbse oder der anderen. Aber die Stoiker weiten das indifferente Konzept auf viele andere Dinge aus, die den Menschen *von Natur aus* am Herzen liegen, wie Gesundheit und Wohlstand, und sie weiten die Gleichgültigkeit auf Dinge aus, die Menschen *von Natur aus* ablehnen, wie Krankheit und Armut.

Indem sie Gutes und Schlechtes von derlei Dingen trennten, stießen die Stoi-

ker eine riesige und nicht enden wollende Kontroverse an, aber sie wussten, was sie taten, und kein Stoiker brachte das pointierter zum Ausdruck als Epiktet (*Encheiridion* 6, 19, 24, 25, 29, 31, 32). Ihre linguistische und gedankliche Reform – denn genau darauf läuft es hinaus – fordert uns auf, uns den folgenden Fragen zu stellen: (1) Sind konventionelle Güter wie Gesundheit und Wohlstand uns grundsätzlich nützlich? (2) Sind sie notwendig, um glücklich zu sein? (3) Liegen sie in unserer Macht? (4) Sind sie verstandesabhängig? Und (5) Sind sie im Einklang mit unserer rationalen Natur? Wenn unmissverständliche Antworten auf all diese Fragen negativ ausfallen, wie die Stoiker schlussfolgerten, können wir des Glücks nicht sicher sein, solange wir zur Bedingung machen, dass wir dafür diese Dinge bekommen müssen oder ihr Gegenteil meiden müssen. Indem wir unser Glück von den äußeren Bedingungen abhängig machen, geben wir über-

dies Autonomie und Gelassenheit preis und gehen das Risiko des Scheiterns und der Enttäuschung ein. Umgekehrt, indem wir Güte und Nutzen auf die vom Verstand abhängigen Eigenschaften der Tugend und Weisheit beschränken, können wir uns jenes Glück sichern, dass mit unserer Natur als rationale Wesen einhergeht; und wir können uns wirkungsvoll an die äußere Natur anpassen und an alles, was sich ansonsten noch unserer Kontrolle entzieht.
Dermaßen kompromisslos formuliert wird die stoische Lehre jenen, die zum ersten Mal damit in Berührung kommen, unpraktisch und den normalen, menschlichen Bestrebungen zuwiderlaufend vorkommen. Aber es steckt viel mehr dahinter, als bislang von mir dargelegt. Zuerst einmal sind sich die Stoiker darüber einig, dass wir es von Natur aus vorziehen, gesund und wohlhabend zu sein, und dass unsere natürliche Einstellung im Hinblick auf das Gegenteil

negativ ist. Zum Zweiten sind sie sich darüber einig, dass wir kein rationales und harmonisches Leben führen könnten, wenn wir diese naturgegebenen Neigungen und Abneigungen ignorieren. Doch derlei natürliche Neigungen und Abneigungen müssen eindeutig von »Wünschen« und »Aversionen« abgegrenzt werden, denen wir *vollends* unseren Willen und unsere Glückserwartungen unterwerfen (*Encheiridion* 2). Wenn wir etwas begehren oder Widerwillen dagegen empfinden, behandeln wir das fragliche Ding als wirklich große Sache. Epiktet empfiehlt uns demzufolge, Gesundheit nicht zu »begehren« und unser Glück nicht von ihrer Bewahrung abhängig zu machen, sondern sie dankbar zu akzeptieren, wenn wir in ihren Genuss kommen.

Die Krux des Ganzen ist also die Frage, was nötig und ausreichend zum Glück ist. Wie die Stoiker es sehen, kann man durchaus in widrigen Situationen gedei-

hen und andersherum auch am Leben scheitern, obwohl das Schicksal einem wohlgesonnen ist. Was aus dieser Perspektive für ein erfolgreiches menschliches Leben sorgt, ist die Erfüllung der eigenen Natur als rationales Tier, die das menschliche Geburtsrecht und Ziel ist (*Lehrgespräche* 8 und 9). Bei diesem Bemühen zählen nicht die Gaben des Schicksals, der Erhalt der natürlichen Präferenzen, die Vermeidung der von Natur aus widerwärtigen Dinge, sondern »die Vernunft«, die man »zum entscheidenden Prinzip in allem« macht (*Encheiridion* 51), egal, ob wir es mit Widrigkeiten oder Wohlstand zu tun haben. Die Leser sollten selbst entscheiden, ob und in welchem Ausmaß sie diese Klassifizierung von Werten befürworten. Meiner Ansicht nach erwiesen uns die Stoiker einen großen Dienst, indem sie deutlich zwischen der Kategorie geistigen Nutzens und Schadens (den Dingen, die »uns obliegen«, wie Epiktet

sie nennt) einerseits und dem Wert der Dinge, deren Ursprung außerhalb unserer individuellen Absichten und Verantwortungsbereiche liegen, unterscheiden. Die deutliche Abgrenzung betont die ethische Bedeutung der Erkenntnis von Nutzen und Schaden, für den wir direkt durch unsere Absichten und unsere emotionale Reaktion verantwortlich sind. Allerdings kann man offensichtlich über die Annahme streiten, dass äußere Ereignisse erfolgreich von den Bedingungen für Glück isoliert werden können und der direkten Kontrolle unseres Willens und unserer Wünsche unterworfen werden können. Ist es nicht natürlich und nur menschlich anzunehmen, dass Glück vor allem von äußeren Umständen abhängt? Ist die stoische Lebensweise überhaupt für einen normalen, fehlbaren Menschen, zu denen die meisten von uns zählen, praktikabel?

Epiktet kann schwerfällig und streng erscheinen. Aber seine Absicht als Leh-

rer bestand darin, seinen Studenten zu zeigen, wie man *Fortschritte* macht (*Encheiridion* 12,13, 48, 51), wie man sich auf jenes stoische Ziel zubewegt und sich nicht mit dem Gewöhnlichen zufriedengibt. Ihm war wohl bewusst, dass der Ratschlag, sich konsistent an seinem Wertesystem zu orientieren, vom Individuum eine Perfektion verlangte, die er sogar selbst nicht aufzubringen vermochte. Sein Fokus lag nicht auf heroischer Leistung, sondern darauf, sich diesem Ziel anzunähern, es in Situationen anzuwenden, die Menschen normalerweise beeinträchtigen und ihre alltägliche Leistungsfähigkeit unterminieren. Man muss den stoischen Determinismus und die schicksalsorientierte Theologie nicht befürworten, um sein Konzept intensiver zu studieren. Doch seine ehrfürchtige Haltung der Göttlichkeit gegenüber (*Encheiridion* 31, *Lehrgespräche* 7) passt hervorragend zu unserer heutigen Lebenssituation, wenn wir

sie als Empfindlichkeit den Segnungen unseres Ökosystems gegenüber interpretieren. Ich möchte den Leser ausdrücklich ermutigen, die wichtigsten Faktoren in Epiktets Schriften zu identifizieren, weshalb zum besseren Verständnis im Anhang ein Glossar mit den wichtigsten Termini zu finden ist.

FREIHEIT UND ETHIK

Die stoische Theorie von gut und schlecht gehört ins gleiche philosophische Lager wie jene Theorien, die davon ausgehen, dass *moralische* Entscheidungen durch Willenskraft und Absicht eines Menschen zustande kommen und von den Konsequenzen, die ihr Handeln hat, unterschieden werden müssen. Doch das eigentliche Ziel der Theorie, die Epiktet in seinem *Encheiridion* darlegt, scheint vor allem das Glück und die innere Gelassenheit des Handelns selbst zu sein, und nicht unbedingt das Wohlbefinden anderer Menschen. Derlei

Selbstbezogenheit scheint mit jedem tiefen Interesse an den Bedürfnissen anderer Menschen im Widerspruch zu stehen. Bieten uns das *Encheiridion* und die *Lehrgespräche* also einen Leitfaden für moralisches Leben, bei dem das Wohl der anderen ebenso wie das eigene Wohl in Betracht gezogen wird, oder empfehlen die Schriften ein Handeln nur um des eigenen Daseins willen?

Dies ist eine Frage, auf die Epiktet eine bemerkenswert effektive Antwort hat, wenn man mit ihm in Folgendem übereinstimmt: »Es liegt in der Natur eines jeden Lebewesens, die Dinge zu meiden, die schädlich wirken oder Schaden verursachen und diejenigen Dinge zu bewundern und anzustreben, die nützlich sind oder Nutzen bringen … Wo das Interesse der Menschen liegt, dort liegt auch ihre Frömmigkeit.« (*Encheiridion* 31) Ethische Erwägungen müssen laut stoischer Auffassung ihren Anfang in unserem grundlegenden menschlichen Interesse, an unserem eigenen, individuellen Nutzen und Wohl haben und sich dem anpassen. Instinktiver Altruismus ist uns nicht in die Wie-

ge gelegt. Um also Raum zu schaffen für das Wohl der anderen, muss Epiktet zeigen, dass seine Botschaft geistiger Freiheit kein solipsistischer Nutzen ist (also nur das eigene Ich betrifft), sondern gesellschaftlich von Vorteil und übereinstimmend mit einer Lebensweise, die in Einklang mit der menschlichen Natur im weitesten Sinne ist.

Als Individuen profitieren wir immens, wenn wir nicht von Emotionen wie Neid, Eifersucht, Furcht oder Wut bedrängt werden und im Gegenteil über die entsprechenden Tugenden wie Geduld und Selbstbeherrschung verfügen (*Encheiridion* 10). Gelassenheit ist ein offensichtlicher Vorteil für die Ruhigen, aber genauso sehr gereicht es auch unseren Familien, Freunden und Partnern zum Vorteil, denn negative Emotionen motivieren gern aggressives und verletzendes Verhalten. Im modernen Leben kommt man häufig auf »Ethik« zu sprechen, wo die Verhaltensnormen *verletzt* werden, sei es auf geschäftlicher Ebene, in sexuellem Kontext oder wenn der allgemeine Frieden in Gefahr ist. Epiktets freiheitliche Lebensweise

befriedigt den moralischen Imperativ, niemandem Schaden zuzufügen.

Wie steht es nun mit positiven, moralischen Imperativen, der Forderung, nicht nur keinen Schaden anzurichten, sondern andere bewusst mit Sorge und Bedacht zu behandeln? Kann unser Interesse an Freiheit und Gelassenheit uns motivieren, uns freundlich und philanthropisch zu verhalten? Stoische Philosophen argumentierten traditionell, dass unser Selbsterhaltungstrieb mit mächtigen sozialen Instinkten einhergeht, angefangen vom Familienleben, über das Gemeinwesen und darüber hinaus. Epiktet kommt auf diese Lehre in seinen Schriften nicht explizit zu sprechen, aber dass er der gleichen Auffassung ist, geht aus zahlreichen Passagen hervor. Er setzt Interesse bei der Unterstützung von Freunden oder dem Vaterland voraus unter der Bedingung, dass man dabei einen ehrenhaften Charakter bewahrt. (*Encheiridion* 24, 32) Er hat viel über die richtige »Rolle« in Familienkonstellationen zu sagen, wobei er betont, dass die eigene Einstellung sich von dem unterscheidet, was man im Ge-

genzug erwarten kann (*Encheiridion* 17, 24, 30, 32, 43). Auch hier konzentriert er sich auf die Freiheit von einschränkenden Emotionen, insbesondere in der Schilderung des tödlichen Streits zwischen Oedipus' Söhnen, die um den Thron kämpften. Hierbei handelt es sich um eines seiner aufschlussreichsten Gegenbeispiele (*Encheiridion* 31, *Lehrgespräche* 5).

Seine Memento-mori-Warnungen in Bezug auf Frau und Kinder klingen freudlos (*Encheiridion* 3, 7, 11, 14) – es sei denn, wir bedenken die hohe Kindersterblichkeitsrate und den vorzeitigen Tod zu seiner Zeit. Sie künden nicht von Gefühllosigkeit, sondern sind die äußerst starke Empfehlung, sich so lange um die Angehörigen zu kümmern, wie uns ihre Gesellschaft vergönnt ist. Die emotionale Freiheit im Herzen dieser Botschaft besitzt enorme ethische Bedeutung und schafft Raum für das, was *wir selbst* tun *können*. Seneca, der seine Schriften zur Zeit Neros verfasste, formulierte dies eindringlich: »Freiheit ist der Preis, auf den wir hinarbeiten: nicht durch irgendetwas versklavt zu sein – nicht durch irgendeinen Zwang, nicht

durch zufällige Ereignisse –, sodass das Schicksal uns auf einem ausgeglichenen Spielfeld begegnet.« (*Moralische Briefe* 51.9)

EIN FREIER WILLE?

»Wille«, so die hier verwendete Übersetzung von Epiktets Schlüsselbegriff *prohairesis*, kann, wie bereits erwähnt, auch mit »Absicht« oder »Entscheidung« übersetzt werden. Diese Dinge sind »von Natur aus frei«, sagt er, denn sie »obliegen uns selbst« (*Encheiridion* 1); daraus folgt automatisch, dass Epiktet eine Vorstellung vom freien Willen hatte. Folgt daraus ebenfalls, dass er an »Willensfreiheit« glaubte? Dieser Ausdruck ist bekanntermaßen vage und unbestimmt. Manchmal umschreibt er den Umstand, dass ein und dieselbe Person sich in der gleichen Situation zu einer anderen Handlungsweise hätte entschließen können, als sie es tatsächlich tat, was ihr eine vollkommen andere Zukunft eröffnet hätte. Wir können dies als indeterministische Freiheit bezeichnen.

Aber das hatte Epiktet nun so überhaupt nicht im Sinn. Sein leidenschaftliches Plädoyer für Autonomie (z. B. *Lehrgespräche* 9) kann durchaus den Eindruck vermitteln, dass der geistigen Freiheit keine Grenzen gesetzt sind, aber das ist übertrieben. Wie seine stoischen Vorfahren akzeptierte Epiktet das »Schicksal« (*Encheiridion* 53), was so viel heißt, dass nichts, auch nicht unsere eigenen Handlungen, ohne einen vorbestimmten Grund geschieht. Aus dem Blickwinkel der Götter steht die Geschichte eines jeglichen Lebens von vornherein fest, auch die spezifischen Entscheidungen, die die jeweiligen Personen treffen. Was Epiktet dabei interessiert, sind nicht der Verlauf und die Gelegenheiten unserer Entscheidungen (also ob aus Ihnen oder mir andere Menschen geworden wären, hätten wir uns anders entschieden), sondern vielmehr, worauf wir mit den Entscheidungen, die wir tatsächlich treffen, abzielen, und wie wir ihnen »zustimmen«. (*Lehrgespräche* 4, 6). »Wer also frei sein will, sollte sich nichts wünschen und nichts meiden, das anderen Menschen obliegt.« (*Encheiridion* 14)

Die meisten von uns sind natürlich erheblich freigebiger in unseren Bestrebungen; unbekümmert riskieren wir es, dem Schicksal oder unerreichbaren Zielen ausgeliefert zu sein. Epiktet zufolge verwirken die Menschen auf diese Weise regelmäßig den freien Willen, der ihre naturgegebene und beste Möglichkeit darstellt. Dieser Interpretation zufolge ist die Willensfreiheit – also nichts zu wünschen, das uns selbst nicht obliegt – keine Conditio humana, sondern eine mühsame philosophische Leistung. Sie wird bedingt durch eine Geisteshaltung und einen Charakter, der *frei von* Frustration und Enttäuschung ist und *frei, das zu tun, was er tun will*, weil er sich nichts wünscht, das nicht in seiner Macht liegt.

EPIKTET ÜBERSETZEN

Mein Ziel bei der Übersetzung von Epiktet bestand darin, die Distanz zwischen seinem antiken Griechisch und unserer heutigen Sprache zu überwinden. Das ist bis zu einem gewissen

Grad leicht, denn sein Plauderton und die kurzen Sätze passen zu unserem modernen Idiom. Er meidet komplexe Satzstrukturen, genau wie man es uns heutzutage beibringt, und es fällt nicht schwer, alltägliche Entsprechungen zu den meisten seiner Vokabeln zu finden. Er benutzt in der Tat ein paar Fachbegriffe aus dem philosophischen Jargon, die ich im Glossar erkläre. Indem diese Worte übertragen werden, beispielsweise *prohairesis* in »Willen« oder *phantasia* in »Eindruck«, soll nicht ausgeschlossen, sondern sogar betont werden, dass andere Übersetzungen durchaus möglich sind. Für den Leser ist dabei nur wichtig, dass diese oder jegliche andere Version keine wortwörtliche Übersetzung ist, sondern die nächstmögliche Übertragung der Gedanken und Intentionen des Originals. Epiktet folgt der Konvention seiner Zeit, indem er für einige seiner verallgemeinernden Äußerungen die maskuline Form im Singular benutzt, aber er spricht dabei keineswegs nur über Männer. Wann immer es möglich ist, wird auf diese Neutralität hingewiesen, indem das griechische »er« oder »ihm/

ihn« durch »sie« oder »ihnen« im Plural übersetzt wird.

Die Schwierigkeit bei der Übersetzung von Epiktet ist nicht lexikalischer, sondern stilistischer und rhetorischer Natur. Oberflächlich betrachtet ist sein Griechisch einfach und transparent, aber diese Eigenschaften enthüllen sich gewissermaßen nicht in einem Bewusstseinsstrom. Antithese, Gleichmaß und Rhythmus sind prägende Elemente des *Encheiridion*, ebenso wie der Gebrauch des Imperativs, die numerische Gruppierung von Phrasen, Alliterationen und Binnenreimen. Es ist eine Herausforderung, all diese Elemente in einer idiomatischen Übersetzung wiederzugeben. Ich hoffe, dass hier genug davon erfasst wurde, um dafür zu sorgen, dass Sie nicht nur mit den Gedanken des Übersetzers, sondern vor allem mit denen Epiktets in Berührung kommen.

Bei diesem Werk waren weitere bestehende Übersetzungen hilfreich, die in der Bibliographie aufgelistet sind. Jede davon ist eine gewissenhafte Übertragung des Originals. Je nach Entstehungszeitraum unterscheiden sie sich stilistisch

beträchtlich voneinander, aber kaum oder selten in Genauigkeit. Da Neuerungen um ihrer selbst willen nicht zu den Tugenden des Übersetzers gehören, sind die Worte, die hier gewählt wurden, teilweise an Vorgängerversionen angelehnt, und die Leser dieses Büchleins sollen sich ermutigt fühlen, Vergleiche zu ziehen. Übrigens war die erste Person, die eine vollständige, englischsprachige Übersetzung von Epiktet vorlegte, Elizabeth Carter (1717–1806, siehe Long 2002, 261). Ihre Arbeit galt vor der Loeb-Übersetzung von William Oldfather (1925–1928) als Standard und bildet die Grundlage für Robin Hards Version (1995).

ÜBER DAS ENCHEIRIDION

Arrian, dem wir die erhaltenen Arbeiten des Epiktet verdanken, beschrieb das *Encheiridion* als »Eine Auswahl von Epiktets Reden, insbesondere derer, die am zeitgemäßesten und wesentlichsten für seine Philosophie sind und die Seele am meisten bewegen« (Brittain und Brennan 2002, Band 1, S. 38). Diese Information erhalten wir von Simplicius, einem platonischen Philosophen und Kommentator des Aristoteles, der im sechsten Jahrhundert nach Christus einen Kommentar zu dem Text verfasste und ihn als anachronistische Einleitung zur Lehre Platons nutzte. In der Blüte des mittelalterlichen Mönchwesens wurde das *Encheiridion* bearbeitet und paraphrasiert, um christlichen Bedürfnissen angepasst zu werden (Boter, 1999). Nicht weniger als neunundfünfzig griechische Manuskripte zeugen von der frühen Popularität dieses Werks.

Der Buchtitel *Encheiridion* ist nicht Arrians Erfindung. Das griechische Wort *cheir* bedeu-

tet Hand, und ein *encheiridion* ist buchstäblich ein kleines Ding, das man in der Hand mit sich trägt. Das Wort war zuvor von einem epikureischen Philosophen benutzt worden, um ein Handbuch über Lernstoff zu beschreiben. Das von Arrian zusammengestellte Kompendium trägt daher im Deutschen auch den Titel *Handbüchlein der Moral*, aber ich bevorzuge hier die Beibehaltung des griechischen Ursprungsbegriffes. In seiner frühesten Form bedeutete *Encheiridion* nämlich auch kleines Messer oder Dolch. Arrian hat vielleicht auch an diese Konnotation gedacht, um an die defensive oder beschützende Funktion des Werks zu erinnern. Es passt zu seiner Mahnung am Anfang und Ende des Textes, Epiktets Botschaft immer »zur Hand« zu haben (*procheiron*). Erasmus imitierte dies offensichtlich in einer auf Lateinisch im Jahre 1501 erschienen Arbeit mit dem Titel *Enchiridion militis Christiani* (Handbuch des christlichen Soldaten).

Die dreiundfünfzig Abschnitte des *Encheiridion* variieren in der Länge. Zum Teil sind es Essays, die ein paar Hundert Worte umfassen

(23, 24, 29), es gibt eine lange Liste von Vorschriften (33), und manche Beiträge umfassen nur wenige Sätze (37, 41, 50). Jeder Abschnitt ist in sich abgeschlossen, aber die Sammlung als Ganzes hat durchaus eine deutliche Struktur. Die erste Passage, in der auf die *Dinge, die in unserer Macht stehen, und die es nicht tun*, eingegangen wird, ist offensichtlich als Einleitung und Erklärung gedacht. Abschnitt 53 mit seinen mahnenden Zitaten rundet das Ganze ab. Ungefähr in der Mitte, in Abschnitt 22, verlagert Epiktet sein Hauptschwergewicht von allgemeinen Ratschlägen darüber, wie man zu Freiheit und Gelassenheit gelangt, zu spezifischen Ratschlägen für Möchtegern-Philosophen. Er nennt seine Adressaten nicht Stoiker, wahrscheinlich deshalb, weil sein Hauptanliegen nicht die Zugehörigkeit zu einer bestimmten philosophischen Schule, sondern der Lebensstil ist, dem sich jeder Philosoph, der dieser Bezeichnung würdig ist, verschreiben sollte. Es ist dies eine Lebensweise, die fordernd und streng, aber auch bescheiden und schlicht ist. Dennoch spielen einige der späte-

ren Abschnitte (z.B. 36, 42, 45, 49 und 52) auf spezifische stoische Lehren und Termini an, wie ich im Glossar erläutere.

In den *Lehrgesprächen* schreibt Epiktet, wie wir anhand der Auszüge in diesem Buch sehen werden, in Dialogform. Abschnitt 24 des *Encheiridion* ist ebenso in diesem Stil verfasst, und Abschnitt 29 wiederholt die *Lehrgespräche* 3.15 mehr oder weniger wortgetreu. Im Allgemeinen ist das *Encheiridion* gebieterischer als die *Lehrgespräche* und weniger weitschweifig (»behaltet das im Kopf«, »Ihr werdet dies und jenes tun müssen«, etc.). Liest man die Abschnitte jedoch in Folge, enthüllt sich eine konsistente Lebensphilosophie, welche eine Form der Freiheit propagiert, die erst durch die stoische Naturauffassung nutzbar wird. Die Leser sollten auf die impliziten Argumente achten, die Epiktet ständig durch seine Verwendung des Konditionals einbaut: »Wenn du das willst, dann wird die Folge sein, dass …«, et cetera.

Im Gegensatz zu vielen antiken griechischen Werken ist die Übertragung von Epiktets Werk weitgehend frei von schwerwiegenden

Irrtümern und Schreibfehlern. Meine englische Übersetzung des *Encheiridion* folgt in weiten Teilen Oldfathers griechischem Text der Loeb Classical Library Edition (1925–1928), die wiederum auf der Ausgabe von Schenkl (1916) basiert. Oldfathers Text wird hier mit freundlicher Erlaubnis von Harvard University Press wiedergegeben.

In der Übersetzung werden Begriffe, die zum ersten Mal auftauchen und im Glossar erklärt werden, mit einem * markiert.

ÜBER DIE KUNST, INNERLICH FREI ZU SEIN

ENCHEIRIDION

1. Τῶν ὄντων τὰ μέν ἐστιν ἐφ' ἡμῖν, τὰ δὲ οὐκ ἐφ' ἡμῖν. ἐφ' ἡμῖν μὲν ὑπόληψις, ὁρμή, ὄρεξις, ἔκκλισις καὶ ἑνὶ λόγῳ ὅσα ἡμέτερα ἔργα· οὐκ ἐφ' ἡμῖν δὲ τὸ σῶμα, ἡ κτῆσις, δόξαι, ἀρχαὶ καὶ ἑνὶ λόγῳ ὅσα οὐχ ἡμέτερα ἔργα. καὶ τὰ μὲν ἐφ' ἡμῖν ἐστὶ φύσει ἐλεύθερα, ἀκώλυτα, ἀπαραπόδιστα, τὰ δὲ οὐκ ἐφ' ἡμῖν ἀσθενῆ, δοῦλα, κωλυτά, ἀλλότρια. μέμνησο οὖν, ὅτι, ἐὰν τὰ φύσει δοῦλα ἐλεύθερα οἰηθῇς καὶ τὰ ἀλλότρια ἴδια, ἐμποδισθήσῃ, πενθήσεις, ταραχθήσῃ, μέμψῃ καὶ θεοὺς καὶ ἀνθρώπους, ἐὰν δὲ τὸ σὸν μόνον οἰηθῇς σὸν εἶναι, τὸ δὲ ἀλλότριον, ὥσπερ ἐστίν, ἀλλότριον, οὐδείς σε ἀναγκάσει οὐδέποτε, οὐδείς σε κωλύσει, οὐ μέμψῃ οὐδένα, οὐκ ἐγκαλέσεις τινί, ἄκων πράξεις οὐδὲ ἕν, οὐδείς σε βλάψει, ἐχθρὸν οὐχ ἕξεις, οὐδὲ γὰρ βλαβερόν τι πείσῃ.

Τηλικούτων οὖν ἐφιέμενος μέμνησο, ὅτι οὐ δεῖ μετρίως κεκινημένον ἅπτεσθαι

DAS ENCHEIRIDION

1. Manche Dinge auf der Welt stehen in unserer Macht, während andere das nicht tun. Uns obliegen unsere Urteilsfähigkeit, *unser Antrieb, *unser Begehren und unsere *Aversionen – kurz, alles, was von unserem eigenen Handeln abhängt. Wohingegen unser Körper, unser Besitz, unser Ansehen und unsere offizielle Machtstellung nicht uns obliegen – also alles, was nicht von unserem eigenen Handeln abhängt. Überdies sind die Dinge, die uns obliegen, von Natur aus frei, ungehindert und ohne Zwang, während die Dinge, die uns nicht obliegen, machtlos, abhängig, erzwungen sind und nicht uns gehören. Behalte also Folgendes im Sinn: Wenn du Dinge, die von Natur aus abhängig sind, für frei hältst und glaubst, dass Dinge, die nicht dir gehören, dein sind, wirst du enttäuscht, traurig und gequält sein, und du wirst an Göttern und Menschen Fehler finden. Wenn du aber das, was dir gehört, wirklich für dein Eigentum hältst und

αὐτῶν, ἀλλὰ τὰ μὲν ἀφιέναι παντελῶς, τὰ δ' ὑπερτίθεσθαι πρὸς τὸ παρόν. ἐὰν δὲ καὶ ταῦτ' ἐθέλῃς καὶ ἄρχειν καὶ πλουτεῖν, τυχὸν μὲν οὐδ' αὐτῶν τούτων τεύξῃ διὰ τὸ καὶ τῶν προτέρων ἐφίεσθαι, πάντως γε μὴν ἐκείνων ἀποτεύξῃ, δι' ὧν μόνων ἐλευθερία καὶ εὐδαιμονία περιγίνεται.

Εὐθὺς οὖν πάσῃ φαντασίᾳ τραχείᾳ μελέτα ἐπιλέγειν ὅτι "φαντασία εἶ καὶ οὐ πάντως τὸ φαινόμενον." ἔπειτα ἐξέταζε αὐτὴν καὶ δοκίμαζε τοῖς κανόσι τούτοις οἷς ἔχεις, πρώτῳ δὲ τούτῳ καὶ μάλιστα, πότερον περὶ τὰ ἐφ' ἡμῖν ἐστὶν ἢ περὶ τὰ οὐκ ἐφ' ἡμῖν· κἂν περί τι τῶν οὐκ ἐφ' ἡμῖν ᾖ, πρόχειρον ἔστω τὸ διότι "οὐδὲν πρὸς ἐμέ."

weißt, dass das, was dir nicht gehört, nicht dein ist, wie es auch tatsächlich der Fall ist, kann dich niemand nötigen, niemand behindern, du wirst niemanden tadeln, niemandem die Schuld geben, du wirst nicht eine einzige Aufgabe widerwillig erledigen, niemand wird dir ein Leid zufügen, du wirst keinen Feind haben, denn nichts Schädliches wird dir je widerfahren.

Denke also daran, dass dein Antrieb groß sein muss, wenn du große Ziele erreichen willst. Du wirst auf einiges vollkommen verzichten und anderes vorläufig aufschieben müssen. Aber wenn du beides zugleich willst – die Dinge, die dir wirklich gehören, und zusätzlich Bedeutung und Reichtum –, dann wirst du wahrscheinlich nicht einmal letzteres erlangen, weil du das Erste ebenfalls willst, und du wirst ganz gewiss das Erstere nicht bekommen, das das Einzige ist, wodurch du Freiheit und Glück erlangst.

Mach es dir also zu Gewohnheit, jedem misstönenden Gedanken oder *Eindruck zu sagen: »Du bist nur eine Erscheinung und entsprichst keineswegs der Realität. Als Nächstes begutachte den Gedanken oder Eindruck

2. Μέμνησο, ὅτι ὀρέξεως ἐπαγγελία ἐπιτυχία οὗ ὀρέγῃ, ἐκκλίσεως ἐπαγγελία τὸ μὴ περιπεσεῖν ἐκείνῳ ὃ ἐκκλίνεται, καὶ ὁ μὲν ἐν ὀρέξει ἀποτυγχάνων ἀτυχής, ὁ δὲ ἐν ἐκκλίσει περιπίπτων δυστυχής. ἂν μὲν οὖν μόνα ἐκκλίνῃς τὰ παρὰ φύσιν τῶν ἐπὶ σοί, οὐδενί, ὧν ἐκκλίνεις, περιπεσῇ· νόσον δ' ἂν ἐκκλίνῃς ἢ θάνατον ἢ πενίαν, δνστυχήσεις. ἆρον οὖν τὴν ἔκκλισιν ἀπὸ πάντων τῶν οὐκ ἐφ' ἡμῖν καὶ μετάθες ἐπὶ τὰ παρὰ φύσιν τῶν ἐφ' ἡμῖν. τὴν ὄρεξιν δὲ παντελῶς ἐπὶ τοῦ παρόντος ἄνελε· ἄν τε γὰρ ὀρέγῃ τῶν οὐκ ἐφ' ἡμῖν τινός, ἀτυχεῖν ἀνάγκη, τῶν τε ἐφ' ἡμῖν, ὅσων ὀρέγεσθαι καλὸν ἄν, οὐδὲν οὐδέπω σοι πάρεστι. μόνῳ δὲ τῷ ὁρμᾶν καὶ ἀφορμᾶν χρῶ, κούφως μέντοι καὶ μεθ' ὑπεξαιρέσεως καὶ ἀνειμένως.

und überprüfe ihn anhand der Regeln, die du kennst. Vor allem aber frage dich, ob der Eindruck mit den Dingen zu tun hat, die uns obliegen, oder mit jenen, die uns nicht obliegen. Und wenn er mit denen zu tun hat, die uns nicht obliegen, dann habe folgende Antwort parat: »Es geht mich nichts an.«

2. Denke daran, dass Verlangen voraussetzt, dass du bekommst, was du willst, und dass Aversion voraussetzt, dass du meidest, was du nicht willst, und dass wir unglücklich sind, wenn wir nicht bekommen, was wir wollen, während wir uns noch unglücklicher fühlen, wenn wir mit dem konfrontiert werden, was wir nicht wollen. Wenn du also von den *Dingen, die der Natur zuwiderlaufen, *deine Aversion auf die beschränkst, die dir obliegen, wirst du nichts von dem erfahren, was du nicht willst. Aber wenn du Krankheit, Tod oder Armut ablehnst, wirst du unglücklich sein. Ziehe also deine Abneigung von allem ab, das dir nicht obliegt und übertrage sie auf die Dinge, die wider die Natur sind und die uns obliegen. Das Verlangen aber solltest du vorläufig ganz aufgeben.

3. Ἐφ' ἑκάστου τῶν ψυχαγωγούντων ἢ χρείαν παρεχόντων ἢ στεργομένων μέμνησο ἐπιλέγειν, ὁποῖόν ἐστιν, ἀπὸ τῶν σμικροτάτων ἀρξάμενος. ἂν χύτραν στέργῃς, ὅτι "ἀχύτραν στέργω"· κατεαγείσης γὰρ αὐτῆς οὐ ταραχθήσῃ. ἂν παιδίον σαυτοῦ καταφιλῇς ἢ γυναῖκα, ὅτι ἄνθρωπον καταφιλεῖς· ἀποθανόντος γὰρ οὐ ταραχθήσῃ.

4. Ὅταν ἅπτεσθαί τινος ἔργου μέλλῃς, ὑπομίμνῃσκε σεαυτόν, ὁποῖόν ἐστι τὸ ἔργον. ἐὰν λουσόμενος ἀπίῃς, πρόβαλλε σεαυτῷ τὰ γινόμενα ἐν βαλανείῳ, τοὺς ἀπορραίνοντας, τοὺς ἐγκρουομένους, τοὺς λοιδοροῦντας,

Denn wenn du es nicht tust und etwas von den Dingen begehrst, die uns nicht obliegen, bist du zum Unglücklichsein verdammt, während keines der Dinge, die uns obliegen, und die du durchaus begehren darfst, für dich erreichbar sein werden. Beschränke dich auf deinen Antrieb und deine Abneigung, doch mit Leichtigkeit, mit *Vorbehalt und ohne Verbissenheit.

3. Bei allem, was du anziehend findest, was dir Nutzen bringt oder woran du hängst, solltest du dir stets sagen, wie es eigentlich ist, wobei du bei den unscheinbarsten Dingen anfangen solltest. Hängst du also an einem Krug, so sage: »Ich hänge an einem Krug.« Wenn er dann zerbricht, wirst du nicht bekümmert darüber sein. Wenn du dein kleines Kind oder deine Frau küsst, so sage dir, dass du ein menschliches Wesen küsst. Wenn einer von ihnen stirbt, so wirst du nicht bekümmert darüber sein.

4. Wenn du irgendetwas unternehmen willst, dann rufe dir ins Gedächtnis, welcher Art die Unternehmung ist. Wenn du zum Baden gehst, stelle dir vor, was in einem Badehaus geschieht – die Menschen, die dich nassspritzen

τοὺς κλέπτοντας. καὶ οὕτως ἀσφαλέστερον ἅψῃ τοῦ ἔργου, ἐὰν ἐπιλέγῃς εὐθὺς ὅτι " λούσασθαι θέλω καὶ τὴν ἐμαυτοῦ προαίρεσιν κατὰ φύσιν ἔχουσαν τηρῆσαι." καὶ ὡσαύτως ἐφ' ἑκάστου ἔργου. οὕτω γὰρ ἄν τι πρὸς τὸ λούσασθαι γένηται ἐμποδών, πρόχειρον ἔσται διότι " ἀλλ' οὐ τοῦτο ἤθελον μόνον, ἀλλὰ καὶ τὴν ἐμαυτοῦ προαίρεσιν κατὰ φύσιν ἔχουσαν τηρῆσαι· οὐ τηρήσω δέ, ἐὰν ἀγανακτῶ πρὸς τὰ γινόμενα."

5. Ταράσσει τοὺς ἀνθρώπους οὐ τὰ πράγματα, ἀλλὰ τὰ περὶ τῶν πραγμάτων δόγματα· οἷον ὁ θάνατος οὐδὲν δεινόν, ἐπεὶ καὶ Σωκράτει ἂν ἐφαίνετο, ἀλλὰ τὸ δόγμα τὸ περὶ τοῦ θανάτου, διότι δεινόν, ἐκεῖνο τὸ δεινόν ἐστιν. ὅταν οὖν ἐμποδιζώμεθα ἢ ταρασσώμεθα ἢ λυπώμεθα, μηδέποτε ἄλλον αἰτιώμεθα, ἀλλ' ἑαυτούς, τοῦτ' ἔστι τὰ ἑαυτῶν δόγματα. ἀπαιδεύτου ἔργον τὸ ἄλλοις ἐγκαλεῖν, ἐφ' οἷς αὐτὸς πράσσει

oder anrempeln oder dich beschimpfen oder bestehlen. Auf diese Weise bist du besser für deine Unternehmung vorbereitet, indem du dir schon von Anfang an sagst: »Ich will baden, und ich will zusätzlich meinen *Willen *in Einklang mit der Natur bewahren.« Mache dir dies bei allem zur Gewohnheit. Wenn dann tatsächlich irgendetwas geschieht, das dich beim Bad beeinträchtigt, so hast du folgende Antwort parat: »Nun, baden war nicht das Einzige, was ich wollte; ich wollte meinen Willen im Einklang mit der Natur bewahren. Das kann ich nicht, wenn ich über das, was hier geschieht, wütend werde.«

5. Nicht die Dinge selbst bekümmern die Menschen, sondern ihre Ansichten über die Dinge. Der Tod beispielsweise ist nichts Schreckliches (sonst hätte er ja auch dem *Sokrates so erscheinen müssen). Das Schreckliche ist die Meinung, dass der Tod schrecklich sei. Wann immer wir also frustriert, bekümmert oder tief traurig sind, sollten wir niemals jemand anders dafür verantwortlich machen als uns selbst und unsere eigenen Ansichten. Ungebildete Men-

κακῶς· ἠργμένου παιδεύεσθαι τὸ ἑαυτῷ· πεπαιδευμένου τὸ μήτε ἄλλῳ μήτε ἑαυτῷ.

6. Ἐπὶ μηδενὶ ἐπαρθῇς ἀλλοτρίῳ προτερήματι. εἰ ὁ ἵππος ἐπαιρόμενος ἔλεγεν ὅτι " καλός εἰμι," οἰστὸν ἂν ἦν· σὺ δέ, ὅταν λέγῃς ἐπαιρόμενος ὅτι " ἵππον καλὸν ἔχω," ἴσθι, ὅτι ἐπὶ ἵππου ἀγαθῷ ἐπαίρῃ. τί οὖν ἐστὶ σόν; χρῆσις φαντασιῶν. ὥσθ', ὅταν ἐν χρήσει φαντασιῶν κατὰ φύσιν σχῇς, τηνικαῦτα ἐπάρθητι· τότε γὰρ ἐπὶ σῷ τινὶ ἀγαθῷ ἐπαρθήσῃ.

7. Καθάπερ ἐν πλῷ τοῦ πλοίου καθορμισθέντος εἰ ἐξέλθοις ὑδρεύσασθαι, ὁδοῦ μὲν πάρεργον καὶ κοχλίδιον ἀναλέξῃ καὶ βολβάριον, τετάσθαι δὲ δεῖ τὴν διάνοιαν ἐπὶ τὸ πλοῖον καὶ συνεχῶς ἐπιστρέφεσθαι,

schen machen andere verantwortlich, wenn es ihnen schlecht geht. Jemand, der noch nach Bildung strebt, macht sich selbst dafür verantwortlich. Aber ein gründlich Gebildeter schiebt die Schuld auf niemanden, weder auf sich selbst noch auf andere.

6. Brüste dich nicht mit irgendeinem Vorzug, der nicht dein eigener ist. Wenn ein stolzes Pferd sagen würde »Ich bin schön«, so kann man das noch akzeptieren. Wenn du selbst aber mit deinem Pferd prahlst und sagst: »Ich habe ein schönes Pferd«, so bekenne, dass du dich einer guten Eigenschaft brüstest, die eigentlich die des Pferdes ist. Was also ist nun dein Eigen? Die Handhabung deiner *Eindrücke. Wann immer du dich also im Einklang mit der Natur verhältst, kannst du stolz auf dich sein; denn dann hast du etwas Gutes, das dein Eigen ist und dessen du dich rühmen kannst.

7. Wenn du auf Reisen bist und das Schiff vor Anker liegt, steigst du womöglich aus, um Wasser zu holen, liest unter Umständen auf dem Weg auch ein kleines Schalentier oder ein Stück Gemüse auf. Aber du musst deine Aufmerksam-

μή ποτε ὁ κυβερνήτης καλέσῃ, κἂν καλέσῃ, πάντα ἐκεῖνα ἀφιέναι, ἵνα μὴ δεδεμένος ἐμβληθῇς ὡς τὰ πρόβατα· οὕτω καὶ ἐν τῷ βίῳ, ἐὰν διδῶται ἀντὶ βολβαρίου καὶ κοχλιδίου γυναικάριον καὶ παιδίον, οὐδὲν κωλύσει· ἐὰν δὲ ὁ κυβερνήτης καλέσῃ, τρέχε ἐπὶ τὸ πλοῖον ἀφεὶς ἐκεῖνα ἅπαντα μηδὲ ἐπιστρεφόμενος. ἐὰν δὲ γέρων ᾖς, μηδὲ ἀπαλλαγῇς ποτὲ τοῦ πλοίου μακράν, μή ποτε καλοῦντος ἐλλίπῃς.

8. Μὴ ζήτει τὰ γινόμενα γίνεσθαι ὡς θέλεις, ἀλλὰ θέλε τὰ γινόμενα ὡς γίνεται καὶ εὐροήσεις.

9. Νόσος σώματός ἐστιν ἐμπόδιον, προαιρέσεως δὲ οὔ, ἐὰν μὴ αὐτὴ θέλῃ. χώλανσις σκέλους ἐστὶν ἐμπόδιον, προαιρέσεως δὲ οὔ. καὶ τοῦτο ἐφ᾽ ἑκάστου τῶν ἐμπιπτόντων ἐπίλεγε· εὑρήσεις γὰρ αὐτὸ ἄλλου τινὸς ἐμπόδιον, σὸν δὲ οὔ.

keit dennoch auf das Schiff richten und dich immer wieder umdrehen, falls der *Kapitän ruft; und wenn er ruft, musst du alles fallenlassen, um nicht wie ein Schaf gefesselt und wieder aufs Schiff geschafft zu werden. Genauso ist es im Leben. Wenn dir eine kleine Frau und ein Kind statt eines kleinen Gemüsestücks und eines Schalentieres geschenkt wurden, wird das kein Hindernis sein. Aber wenn der Kapitän dich ruft, dann eile zum Boot und lass alles zurück, ohne dich auch nur umzudrehen. Und wenn du alt bist, dann entferne dich niemals zu weit vom Schiff, damit du den Ruf des Kapitäns nicht überhörst.

8. Bitte nicht darum, dass die Dinge so geschehen, wie du es dir wünschst, sondern wünsche dir, dass sie so geschehen, wie es von Natur aus der Fall ist, dann wird es dir gut gehen.

9. Krankheit behindert den Körper, aber nicht den Willen, es sei denn, der Wille will behindert werden. Ein lahmes Bein behindert das Bein, aber nicht den Willen. Wenn du dir das ständig vor Augen hältst, wirst du feststellen, dass es ein Hindernis für etwas anderes ist, nicht aber für dich selbst.

10. Ἐφ' ἑκάστου τῶν προσπιπτόντων μέμνησο ἐπιστρέφων ἐπὶ σεαυτὸν ζητεῖν, τίνα δύναμιν ἔχεις πρὸς τὴν χρῆσιν αὐτοῦ. ἐὰν καλὸν ἴδῃς ἢ καλήν, εὑρήσεις δύναμιν πρὸς ταῦτα ἐγκράτειαν· ἐὰν πόνος προσφέρηται, εὑρήσεις καρτερίαν· ἂν λοιδορία, εὑρήσεις ἀνεξικακίαν. καὶ οὕτως ἐθιζόμενόν σε οὐ συναρπάσουσιν αἱ φαντασίαι.

11. Μηδέποτε ἐπὶ μηδενὸς εἴπῃς ὅτι " ἀπώλεσα αὐτό," ἀλλ' ὅτι " ἀπέδωκα." τὸ παιδίον ἀπέθανεν; ἀπεδόθη. ἡ γυνὴ ἀπέθανεν; ἀπεδόθη. " τὸ χωρίον ἀφῃρέθην." οὐκοῦν καὶ τοῦτο ἀπεδόθη. " ἀλλὰ κακὸς ὁ ἀφελόμενος." τί δὲ σοὶ μέλει, διὰ τίνος σε ὁ δοὺς ἀπῄτησε; μέχρι δ' ἂν διδῶται, ὡς ἀλλοτρίων αὐτῶν ἐπιμελοῦ, ὡς τοῦ πανδοχείου οἱ παριόντες.

10. In jeder Situation solltest du daran denken, dich dir selbst zuzuwenden und dich zu fragen, welche Kraft du hast, um dich mit diesen Dingen auseinanderzusetzen. Wenn du einen gutaussehenden Mann oder eine ebensolche Frau siehst, wirst du Selbstbeherrschung als geeignetes Mittel ansehen, wenn Schmerz dich befällt, ist es die Kraft, ihn zu erdulden; wenn man dich grob behandelt, wirst du in Geduld Kraft finden. Indem du dir das zur Gewohnheit machst, wirst du dich von den ersten Eindrücken nicht mehr hinreißen lassen.

11. Sag nie von einer Sache: »Ich habe sie verloren.«, sondern sage lieber: »Ich habe sie zurückgegeben.« Ist dein kleines Kind gestorben? »Es wurde zurückgegeben.« Ist deine Frau gestorben? »Sie wurde zurückgegeben.« »Man hat mir mein Land genommen.« Nein, auch das wurde zurückgegeben. »Aber ein schlechter Mensch hat es gestohlen.« Was kümmert es dich, durch wen der *Geber es von dir zurückforderte? Solange dir diese Dinge gegeben sind, behandele sie wie Dinge, die dir nicht gehören, wie Reisende ihre Herberge.

12. Εἰ προκόψαι θέλεις, ἄφες τοὺς τοιούτους ἐπιλογισμούς. “ ἐὰν ἀμελήσω τῶν ἐμῶν, οὐχ ἕξω διατροφάς ”· “ ἐὰν μὴ κολάσω τὸν παῖδα, πονηρὸς ἔσται.” κρεῖσσον γὰρ λιμῷ ἀποθανεῖν ἄλυπον καὶ ἄφοβον γενόμενον ἢ ζῆν ἐν ἀφθόνοις ταρασσόμενον. κρεῖττον δὲ καὶ τὸν παῖδα κακὸν εἶναι ἢ σὲ κακοδαίμονα. ἄρξαι τοιγαροῦν ἀπὸ τῶν σμικρῶν. ἐκχεῖται τὸ ἐλάδιον, κλέπτεται τὸ οἰνάριον· ἐπίλεγε ὅτι “τοσούτου πωλεῖται ἀπάθεια, τοσούτου ἀταραξία”· προῖκα δὲ οὐδὲν περιγίνεται. ὅταν δὲ καλῇς τὸν παῖδα, ἐνθυμοῦ, ὅτι δύναται μὴ ὑπακοῦσαι ἢ ὑπακούσας μηδὲν ποιῆσαι ὧν θέλεις· ἀλλ’ οὐχ οὕτως ἐστὶν αὐτῷ καλῶς, ἵνα ἐπ’ ἐκείνῳ ᾖ τὸ σὲ μὴ ταραχθῆναι.

13. Εἰ προκόψαι θέλεις, ὑπόμεινον ἕνεκα τῶν ἐκτὸς ἀνόητος δόξας καὶ ἠλίθιος, μηδὲν βούλου δοκεῖν ἐπίστασθαι· κἂν δόξῃς τις εἶναί τισιν, ἀπίστει σεαυτῷ. ἴσθι γὰρ ὅτι οὐ ῥάδιον

12. Wenn du *Fortschritte machen willst, gib Überlegungen wie die folgende auf: »Wenn ich meine Geschäfte vernachlässige, habe ich nichts mehr zum Leben.« Oder »Wenn ich meinen Sklaven nicht bestrafe, wird er zum Nichtsnutz.« Es ist besser, sich auf gelassene, zuversichtliche Weise zu Tode zu hungern, als ängstlich inmitten der Fülle zu leben. Und es ist auch besser, dass dein Sklave schlecht ist, als dass du unglücklich bist. Fang also bei derlei Kleinigkeiten an, beispielsweise wenn dir Öl verschüttet oder Wein gestohlen wurde. Dann sage dir: »Das ist der Preis dafür, dass man sich nicht aufregt, der Preis für *Gelassenheit. Umsonst bekommt man nichts.« Wenn du deinen Sklaven zu dir rufst, denke daran, dass er vielleicht nicht kommt, und wenn er kommt, tut er vielleicht nicht das, was du willst. In jedem Fall ist er zu unwichtig, als dass deine eigene Gelassenheit von ihm abhängt.

13. Wenn du Fortschritte machen willst, dann nimm es nicht wichtig, wenn du töricht und dumm im Hinblick auf Äußerlichkeiten erscheinst, und wünsche dir nicht, als Experte

τὴν προαίρεσιν τὴν σεαυτοῦ κατὰ φύσιν ἔχουσαν φυλάξαι καὶ τὰ ἐκτός, ἀλλὰ τοῦ ἑτέρου ἐπιμελούμενον τοῦ ἑτέρου ἀμελῆσαι πᾶσα ἀνάγκη.

14. Ἐὰν θέλῃς τὰ τέκνα σου καὶ τὴν γυναῖκα καὶ τοὺς φίλους σου πάντως ζῆν, ἠλίθιος εἶ· τὰ γὰρ μὴ ἐπὶ σοὶ θέλεις ἐπὶ σοὶ εἶναι καὶ τὰ ἀλλότρια σὰ εἶναι· οὕτω κἂν τὸν παῖδα θέλῃς μὴ ἁμαρτάνειν, μωρὸς εἶ· θέλεις γὰρ τὴν κακίαν μὴ εἶναι κακίαν, ἀλλ' ἄλλο τι. ἐὰν δὲ θέλῃς ὀρεγόμενος μὴ ἀποτυγχάνειν, τοῦτο δύνασαι. τοῦτο οὖν ἄσκει, ὃ δύνασαι. κύριος ἑκάστου ἐστὶν ὁ τῶν ὑπ' ἐκείνου θελομένων ἢ μὴ θελομένων ἔχων τὴν ἐξουσίαν εἰς τὸ περιποιῆσαι ἢ ἀφελέσθαι. ὅστις οὖν ἐλεύθερος εἶναι βούλεται, μήτε θελέτω τι μήτε φευγέτω τι τῶν ἐπ' ἄλλοις· εἰ δὲ μή, δουλεύειν ἀνάγκη.

zu gelten. Selbst wenn einige Menschen dich für etwas Besonderes halten, solltest du dir misstrauen. Es ist sicherlich nicht leicht, den eigenen Willen im Einklang mit der Natur zu halten und sich gleichzeitig um äußere Belange zu kümmern. Wenn du dich um das Eine kümmerst, wirst du unweigerlich das Andere vernachlässigen.

14. Wenn du willst, dass deine Kinder und deine Frau und Freunde überleben, egal, was da kommt, bist du ein Tor; denn du wünschst dir, dass dir Dinge obliegen, über die du nicht wirklich bestimmen kannst, und dass dir Dinge zu eigen sind, die dir nicht gehören. Du bist genauso töricht, wenn du willst, dass dein Sklave keine Fehler macht; denn du wünschst dir, dass Unterlegenheit kein Fehler ist, sondern etwas anderes. Aber wenn deine Wünsche nicht von deinen Begehrlichkeiten frustriert werden sollen, dann liegt auch das in deiner Macht. Übe dich also in dieser Macht, die du hast. Unser Herr ist jeder, der die Macht hat, die Dinge, die wir wollen oder nicht wollen, zu gewähren oder zu verhindern. Wer also frei sein will,

15. Μέμνησο, ὅτι ὡς ἐν συμποσίῳ σε δεῖ ἀναστρέφεσθαι. περιφερόμενον γέγονέ τι κατὰ σέ· ἐκτείνας τὴν χεῖρα κοσμίως μετάλαβε. παρέρχεται· μὴ κάτεχε. οὔπω ἥκει· μὴ ἐπίβαλλε πόρρω τὴν ὄρεξιν, ἀλλὰ περίμενε, μέχρις ἂν γένηται κατὰ σέ. οὕτω πρὸς τέκνα, οὕτω πρὸς γυναῖκα, οὕτω πρὸς ἀρχάς, οὕτω πρὸς πλοῦτον· καὶ ἔσῃ ποτὲ ἄξιος τῶν θεῶν συμπότης. ἂν δὲ καὶ παρατεθέντων σοι μὴ λάβῃς, ἀλλ' ὑπερίδῃς, τότε οὐ μόνον συμπότης τῶν θεῶν ἔσῃ, ἀλλὰ καὶ συνάρχων. οὕτω γὰρ ποιῶν Διογένης καὶ Ἡράκλειτος καὶ οἱ ὅμοιοι ἀξίως θεῖοί τε ἦσαν καὶ ἐλέγοντο.

16. Ὅταν κλαίοντα ἴδῃς τινὰ ἐν πένθει ἢ ἀποδημοῦντος τέκνου ἢ ἀπολωλεκότα

sollte sich nichts wünschen und nichts meiden, das anderen Menschen obliegt. Wem das nicht gelingt, der ist zwangsläufig ein Sklave.

15. Denk daran, dass du dich immer so verhalten solltest wie bei einem Gastmahl. Es wird dir etwas gereicht; strecke die Hand aus und nehme dir höflich ein Stück. Dann wird es weitergereicht; versuche nicht, es aufzuhalten. Es ist noch nicht gekommen; lass dich vom Appetit nicht mitreißen, sondern gedulde dich, bis du an der Reihe bist. Wenn du dich so deinen Kindern, deiner Frau, deinen öffentlichen Ämtern und deinem Vermögen gegenüber verhältst, wirst du eines Tages würdig sein, mit den *Göttern zu speisen. Und wenn du noch nicht einmal von dem nimmst, was vor dir liegt, sondern es vorüberziehen lässt, dann wirst du nicht nur mit den Göttern speisen, sondern sogar mit ihnen herrschen. Weil *Diogenes und *Herakles und ihresgleichen es so handhabten, verdienten sie es, als göttlich bezeichnet zu werden.

16. Wann immer du siehst, dass jemand über den Tod eines Kindes oder den Verlust

τὰ ἑαυτοῦ, πρόσεχε μή σε ἡ φαντασία συναρπάσῃ ὡς ἐν κακοῖς ὄντος αὐτοῦ τοῖς ἐκτός, ἀλλ' εὐθὺς ἔστω πρόχειρον ὅτι " τοῦτον θλίβει οὐ τὸ συμβεβηκός (ἄλλον γὰρ οὐ θλίβει), ἀλλὰ τὸ δόγμα τὸ περὶ τούτου." μέχρι μέντοι λόγου μὴ ὄκνει συμπεριφέρεσθαι αὐτῷ, κἂν οὕτω τύχῃ, καὶ συνεπιστενάξαι· πρόσεχε μέντοι μὴ καὶ ἔσωθεν στενάξῃς.

17. Μέμνησο, ὅτι ὑποκριτὴς εἶ δράματος, οἵου ἂν θέλῃ ὁ διδάσκαλος· ἂν βραχύ, βραχέος· ἂν μακρόν, μακροῦ· ἂν πτωχὸν ὑποκρίνασθαί σε θέλῃ, ἵνα καὶ τοῦτον εὐφυῶς ὑποκρίνῃ· ἂν χωλόν, ἂν ἄρχοντα, ἂν ἰδιώτην. σὸν γὰρ τοῦτ' ἔστι, τὸ δοθὲν ὑποκρίνασθαι πρόσωπον καλῶς· ἐκλέξασθαι δ' αὐτὸ ἄλλου.

des Vermögens trauert, lass dich nicht vom Eindruck mitreißen, dass der Betreffende in äußerer Bedrängnis ist, sondern habe sofort folgenden Gedanken parat: »Was diesen Menschen niederdrückt, ist nicht das Ereignis selbst (denn es gibt schließlich andere Menschen, die es nicht niederdrückt), sondern seine Ansicht darüber.« Zögere jedoch nicht, demjenigen durch Worte dein Mitgefühl zu zeigen und vielleicht sogar in sein Wehklagen mit einzustimmen. Aber achte darauf, dass du nicht auch innerlich klagst.

17. Denke daran, dass du ein Schauspieler in einem Stück bist, das genauso ist, wie der *Regisseur es will. Wenn er es wünscht, ist es kurz, und es ist lang, wenn er ein langes Stück bevorzugt. Wenn er will, dass du die Rolle des Bettlers spielst, dann sorge dafür, dass du sie mit Hingabe ausfüllst; das Gleiche gilt, wenn deine Rolle die eines Krüppels ist oder eines Beamten oder eines gewöhnlichen Privatmannes. Deine Aufgabe besteht darin, die dir zugedachte Rolle hervorragend zu spielen; sie auszuwählen jedoch steht einem anderen zu.

18. Κόραξ ὅταν μὴ αἴσιον κεκράγῃ, μὴ συναρπαζέτω σε ἡ φαντασία· ἀλλ' εὐθὺς διαίρει παρὰ σεαυτῷ καὶ λέγε ὅτι " τούτων ἐμοὶ οὐδὲν ἐπισημαίνεται, ἀλλ' ἢ τῷ σωματίῳ μου ἢ τῷ κτησειδίῳ μου ἢ τῷ δοξαρίῳ μου ἢ τοῖς τέκνοις ἢ τῇ γυναικί. ἐμοὶ δὲ πάντα αἴσια σημαίνεται, ἐὰν ἐγὼ θέλω· ὅ τι γὰρ ἂν τούτων ἀποβαίνῃ, ἐπ' ἐμοί ἐστιν ὠφεληθῆναι ἀπ' αὐτοῦ."

19. Ἀνίκητος εἶναι δύνασαι, ἐὰν εἰς μηδένα ἀγῶνα καταβαίνῃς, ὃν οὐκ ἔστιν ἐπὶ σοὶ νικῆσαι. 2 ὅρα μήποτε ἰδών τινα προτιμώμενον ἢ μέγα δυνάμενον ἢ ἄλλως εὐδοκιμοῦντα μακαρίσῃς, ὑπὸ τῆς φαντασίας συναρπασθείς. ἐὰν γὰρ ἐν τοῖς ἐφ' ἡμῖν ἡ οὐσία τοῦ ἀγαθοῦ ᾖ, οὔτε φθόνος οὔτε ζηλοτυπία χώραν ἔχει· σύ τε αὐτὸς οὐ στρατηγός, οὐ πρύτανις ἢ ὕπατος εἶναι θελήσεις, ἀλλ' ἐλεύθερος. μία δὲ ὁδὸς πρὸς τοῦτο, καταφρόνησις τῶν οὐκ ἐφ' ἡμῖν.

18. Wenn ein Rabe unheilverkündend krächzt, dann lass dich von diesem Eindruck nicht mitreißen, sondern kläre dies sogleich in deinem Inneren und sage dir: »Nichts davon ist eine Vorwarnung für mich; denn es betrifft nur meinen schwachen Körper oder meinen dürftigen Besitz oder meinen belanglosen Ruf oder meine Kinder oder meine Frau. Aber für mich sind die Vorhersagen günstig, wenn ich das so will, denn es obliegt mir, meinen Nutzen aus dem Ergebnis zu ziehen, wie immer es aussehen mag.«

19. Du kannst immer gewinnen, wenn du dich auf Wettkämpfe einlässt, bei denen der Sieg von dir abhängt. Wenn du siehst, dass jemand vor dir geehrt wird, der große Macht besitzt oder auf andere Weise Ansehen genießt, trage Sorge, dich niemals von dem Eindruck hinreißen zu lassen und daraus zu schlussfolgern, dass dieser Mensch glücklich ist. Denn wenn das Wesen des Guten in Dingen besteht, die uns obliegen, existiert kein Raum für Neid oder Eifersucht, und du selbst wirst dir gar nicht wünschen, *Prätor oder Senator oder Konsul zu sein, sondern nur, frei zu sein. Die

20. Μέμνησο, ὅτι οὐχ ὁ λοιδορῶν ἢ ὁ τύπτων ὑβρίζει, ἀλλὰ τὸ δόγμα τὸ περὶ τούτων ὡς ὑβριζόντων. ὅταν οὖν ἐρεθίσῃ σέ τις, ἴσθι, ὅτι ἡ σή σε ὑπόληψις ἠρέθικε. τοιγαροῦν ἐν πρώτοις πειρῶ ὑπὸ τῆς φαντασίας μὴ συναρπασθῆναι· ἂν γὰρ ἅπαξ χρόνου καὶ διατριβῆς τύχῃς, ῥᾷον κρατήσεις σεαυτοῦ.

21. Θάνατος καὶ φυγὴ καὶ πάντα τὰ ἄλλα τὰ δεινὰ φαινόμενα πρὸ ὀφθαλμῶν ἔστω σοι καθ' ἡμέραν, μάλιστα δὲ πάντων ὁ θάνατος· καὶ οὐδὲν οὐδέποτε οὔτε ταπεινὸν ἐνθυμηθήσῃ οὔτε ἄγαν ἐπιθυμήσεις τινός.

22. Εἰ φιλοσοφίας ἐπιθυμεῖς, παρασκευάζου αὐτόθεν ὡς καταγελασθησόμενος, ὡς καταμωκησομένων σου πολλῶν, ὡς ἐρούντων ὅτι " ἄφνω φιλόσοφος ἡμῖν ἐπανελήλυθε" καὶ "πόθεν ἡμῖν αὕτη ἡ ὀφρύς ; " σὺ δὲ ὀφρὺν μὲν

einzige Möglichkeit, um das zu erreichen, besteht darin, jene Dinge zu verachten, die uns nicht obliegen.

20. Denke daran, dass nicht derjenige dir Verletzungen zufügt, der dich grob oder aggressiv behandelt, sondern nur deine Meinung, dass er dich verletzt. Wann immer dich also jemand provoziert, rufe dir ins Gedächtnis, dass die Provokation eigentlich deinem eigenen Urteil entspringt. Beginne also mit dem Versuch, dich von diesem Eindruck nicht mitreißen zu lassen. Sobald du innehältst und dir Bedenkzeit gewährst, wirst du dich umso leichter beherrschen können.

21. Halte dir täglich Tod und Verbannung und alles andere, das schrecklich anmutet, vor Augen, insbesondere aber den Tod. Dann wirst du niemals niederträchtige Gedanken hegen oder etwas allzu maßlos begehren.

22. Wenn du durch die Philosophie nach Weisheit strebst, so stelle dich von Anfang an darauf ein, von vielen Menschen ausgelacht und verspottet zu werden durch Äußerungen wie: »Ach, sieh mal einer an, er ist als wahrer Philosoph

μὴ σχῇς· τῶν δὲ βελτίστων σοι φαινομένων οὕτως ἔχου, ὡς ὑπὸ τοῦ θεοῦ τεταγμένος εἰς ταύτην τὴν χώραν· μέμνησό τε διότι, ἐὰν μὲν ἐμμείνῃς τοῖς αὐτοῖς, οἱ καταγελῶντές σου τὸ πρότερον οὗτοί σε ὕστερον θαυμάσονται, ἐὰν δὲ ἡττηθῇς αὐτῶν, διπλοῦν προσλήψῃ καταγέλωτα.

23. Ἐάν ποτέ σοι γένηται ἔξω στραφῆναι πρὸς τὸ βούλεσθαι ἀρέσαι τινί, ἴσθι ὅτι ἀπώλεσας τὴν ἔνστασιν. ἀρκοῦ οὖν ἐν παντὶ τῷ εἶναι φιλόσοφος, εἰ δὲ καὶ δοκεῖν βούλει, σαυτῷ φαίνου καὶ ἱκανὸν ἐστι.

24. Οὗτοί σε οἱ διαλογισμοὶ μὴ θλιβέτωσαν· "ἄτιμος ἐγὼ βιώσομαι καὶ οὐδεὶς οὐδαμοῦ." εἰ γὰρ ἡ ἀτιμία ἐστὶ κακόν (ὥσπερ ἐστίν), οὐ δύνασαι ἐν κακῷ εἶναι δι' ἄλλον, οὐ μᾶλλον ἢ ἐν αἰσχρῷ· μή τι οὖν σόν ἐστιν ἔργον τὸ

zu uns zurückgekommen!« und »Wo hat er denn diesen hochmütigen Gesichtsausdruck her?«. Achte darauf, nicht so dreinzuschauen, aber halte dennoch an deinen Ansichten über das, was am besten ist, fest, als hätte Gott dir diesen Platz zugewiesen. Und denke daran: Wenn du treu bei deinen Ansichten bleibst, dann werden die Menschen, die dich vormals ausgelacht haben, dich später bewundern. Gibst du ihrem Druck aber nach, so wirst du ein zweites Mal zur Zielscheibe ihres Spottes.

23. Wenn es dir passiert, dass du das Lob der anderen suchst, um ihre Gunst zu gewinnen, kannst du sicher sein, dass du auf dem falschen Weg bist. Sei also damit zufrieden, einfach ein Philosoph zu sein, und wenn du willst, dass andere Menschen dich auch als solchen betrachten, dann erscheine für dich selbst so, das wird genügen.

24. Lass dich nicht von Gedanken quälen wie: »Mein Leben wird ehrlos sein, und ich werde überall ein Niemand sein.« Wenn Ehrlosigkeit etwas Schlechtes ist, wie es auch tatsächlich der Fall ist, könnte niemand außer

ἀρχῆς τυχεῖν ἢ παραληφθῆναι ἐφ' ἑστίασιν; οὐδαμῶς. πῶς οὖν ἔτι τοῦτ' ἔστιν ἀτιμία; πῶς δὲ οὐδεὶς οὐδαμοῦ ἔσῃ, ὃν ἐν μόνοις εἶναί τινα δεῖ τοῖς ἐπὶ σοί, ἐν οἷς ἔξεστί σοι εἶναι πλείστου ἀξίῳ; ἀλλά σοι οἱ φίλοι ἀβοήθητοι ἔσονται; τί λέγεις τὸ ἀβοήθητοι; οὐχ ἕξουσι παρὰ σοῦ κερμάτιον· οὐδὲ πολίτας Ῥωμαίων αὐτοὺς ποιήσεις. τίς οὖν σοι εἶπεν, ὅτι ταῦτα τῶν ἐφ' ἡμῖν ἐστίν, οὐχὶ δὲ ἀλλότρια ἔργα; τίς δὲ δοῦναι δύναται ἑτέρῳ, ἃ μὴ ἔχει αὐτός; "κτῆσαι οὖν," φησίν, " ἵνα καὶ ἡμεῖς ἔχωμεν." εἰ δύναμαι κτήσασθαι τηρῶν ἐμαυτὸν αἰδήμονα καὶ πιστὸν καὶ μεγαλόφρονα, δείκνυε τὴν ὁδὸν καὶ κτήσομαι. εἰ δ' ἐμὲ ἀξιοῦτε τὰ ἀγαθὰ τὰ ἐμαυτοῦ ἀπολέσαι, ἵνα ὑμεῖς τὰ μὴ ἀγαθὰ περιποιήσησθε, ὁρᾶτε ὑμεῖς, πῶς ἄνισοί ἐστε καὶ ἀγνώμονες. τί δὲ καὶ βούλεσθε μᾶλλον; ἀργύριον ἢ φίλον πιστὸν καὶ αἰδήμονα; εἰς τοῦτο οὖν μοι μᾶλλον συλλαμβάνετε καὶ μή, δι' ὧν ἀποβαλῶ αὐτὰ ταῦτα, ἐκεῖνά με πράσσειν ἀξιοῦτε.

" Ἀλλ' ἡ πατρίς, ὅσον ἐπ' ἐμοί," φησίν, "ἀβοήθητος ἔσται." πάλιν, ποίαν καὶ

dir selbst dafür verantwortlich sein, genauso wenig wie andere Schande über dich bringen können. Du glaubst doch nicht wirklich, dass es in deiner Macht liegt, ein öffentliches Amt zu erlangen oder zu einem Festmahl eingeladen zu werden? »Natürlich nicht.« Wie kann dein Leben dann als ehrlos aufgefasst werden? Und wie kannst du überall ein Niemand sein, wenn du doch einzig bei den Angelegenheiten ein Jemand sein sollst, die dir obliegen und in ihnen der Bedeutendste sein kannst?

»Aber deine Freunde werden auf diese Weise ohne Unterstützung bleiben?« Was meinst du mit »ohne Unterstützung«? Sie werden von dir kein Geld bekommen, und du wirst ihnen auch nicht das römische Bürgerrecht verschaffen können. Aber wer hat dir gesagt, dass diese Dinge uns obliegen und nicht von anderen abhängen? Wer kann einem anderen geben, was er selbst nicht hat?

»Dann verschaffe dir Geld«, sagt jemand, »damit auch wir etwas davon haben.« Wenn ich es mir verschaffen kann und dabei meine Ehre, meine Integrität und meine moralischen

ταύτην βοήθειαν; στοὰς οὐχ ἕξει διὰ σὲ οὔτε βαλανεῖα. καὶ τί τοῦτο; οὐδὲ γὰρ ὑποδήματα ἔχει διὰ τὸν χαλκέα οὐδ' ὅπλα διὰ τὸν σκυτέα· ἱκανὸν δέ, ἐὰν ἕκαστος ἐκπληρώσῃ τὸ ἑαυτοῦ ἔργον. εἰ δὲ ἄλλον τινὰ αὐτῇ κατεσκεύαζες πολίτην πιστὸν καὶ αἰδήμονα, οὐδὲν ἂν αὐτὴν ὠφέλεις; " ναί." οὐκοῦν οὐδὲ σὺ αὐτὸς ἀνωφελὴς ἂν εἴης αὐτῇ. " τίνα οὖν ἕξω," φησί, " χώραν ἐν τῇ πόλει; " ἣν ἂν δύνῃ φυλάττων ἅμα τὸν πιστὸν καὶ αἰδήμονα. εἰ δὲ ἐκείνην ὠφελεῖν βουλόμενος ἀποβαλεῖς ταῦτα, τί ὄφελος ἂν αὐτῇ γένοιο ἀναιδὴς καὶ ἄπιστος ἀποτελεσθείς;

Grundsätze bewahren kann, so zeige mir den Weg, und schon werde ich es mir holen. Aber wenn du mich bittest, die *guten Dinge, die mir gehören, zu verlieren, nur damit du Güter bekommst, die nicht gut sind, dann siehst du doch wohl selbst ein, wie ungerecht und kleinlich das ist. Was möchtest du lieber haben – Geld oder einen vertrauenswürdigen und ehrenhaften Freund? Hilf mir lieber, diese Eigenschaften beizubehalten, und bitte mich nicht um genau das, wodurch ich sie unweigerlich verlieren müsste.

»Aber meinem Vaterland«, sagt jemand, »fehlt die Unterstützung, die ich ihm hätte geben können.« Ich wiederhole die Frage, welche Art von Unterstützung du im Sinn hast. Dein Land wird deinetwegen keine Säulenhallen oder öffentlichen Bäder erhalten. Und was bedeutet das? Dein Land bekommt ja auch keine Schuhe vom Schmied und keine Waffen vom Schuster. Es genügt, wenn jeder seine eigenen Aufgaben erledigt. Und wenn du deinem Land einen vertrauenswürdigen und ehrenhaften Bürger geben würdest, würde das nichts nützen? »Doch,

25. Ἐὶ προετιμήθη σού τις ἐν ἑστιάσει ἢ ἐν προσαγορεύσει ἢ ἐν τῷ παραληφθῆναι εἰς συμβουλίαν; εἰ μὲν ἀγαθὰ ταῦτά ἐστι, χαίρειν σε δεῖ, ὅτι ἔτυχεν αὐτῶν ἐκεῖνος· εἰ δὲ κακά, μὴ ἄχθου, ὅτι σὺ αὐτῶν οὐκ ἔτυχες· μέμνησο δέ, ὅτι οὐ δύνασαι μὴ ταὐτὰ ποιῶν πρὸς τὸ τυγχάνειν τῶν οὐκ ἐφ' ἡμῖν τῶν ἴσων ἀξιοῦσθαι. πῶς γὰρ ἴσον ἔχειν δύναται ὁ μὴ φοιτῶν ἐπὶ θύρας τινὸς τῷ φοιτῶντι; ὁ μὴ παραπέμπων τῷ παραπέμποντι; ὁ μὴ ἐπαινῶν τῷ ἐπαινοῦντι; ἄδικος οὖν ἔσῃ καὶ ἄπληστος, εἰ μὴ προϊέμενος ταῦτα, ἀνθ' ὧν ἐκεῖνα πιπράσκεται, προῖκα αὐτὰ βουλήσῃ λαμβάνειν.

gewiss würde es das.« Folglich bist auch du nicht ohne Nutzen für deine Gemeinschaft.

»Welche Stellung werde ich dann darin bekleiden?« Diejenige, die du einnehmen *kannst*, ohne deinen vertrauenswürdigen und ehrenhaften Charakter aufzugeben. Verlierst du aber diesen Charakter, weil du deinem Land nützen willst, und verhältst dich unehrenhaft und unzuverlässig, welchen Nutzen kannst du dann noch haben?

25. Wenn jemand dir bei einem Festmahl oder einer Einladung oder als Ratgeber vorgezogen wurde, solltest du dich freuen, dass er all das erreicht hat, sofern es etwas Gutes ist. Ist es aber schlecht, dann rege dich nicht auf, weil du es nicht erreicht hast. Denke daran: Du kannst nicht erwarten, von den Dingen, die uns nicht obliegen, den gleichen Anteil wie andere zu bekommen, ohne nicht auch die gleichen Aufgaben zu erfüllen wie andere. Wenn du nicht ständig vor der Tür auftauchst oder ihn umschmeichelst, wie kannst du dann erwarten, dass dir der Betreffende die gleiche Aufmerksamkeit schenkt wie demjenigen, der

Ἀλλὰ πόσου πιπράσκονται θρίδακες; ὀβολοῦ, ἂν οὕτω τύχῃ. ἂν οὖν τις προέμενος τὸν ὀβολὸν λάβῃ θρίδακας, σὺ δὲ μὴ προέμενος μὴ λάβῃς, μὴ οἴου ἔλαττον ἔχειν τοῦ λαβόντος. ὡς γὰρ ἐκεῖνος ἔχει θρίδακας, οὕτω σὺ τὸν ὀβολόν, ὃν οὐκ ἔδωκας. τὸν αὐτὸν δὴ τρόπον καὶ ἐνταῦθα. οὐ παρεκλήθης ἐφ᾽ ἑστίασίν τινος; οὐ γὰρ ἔδωκας τῷ καλοῦντι, ὅσου πωλεῖ τὸ δεῖπνον. ἐπαίνου δ᾽ αὐτὸ πωλεῖ, θεραπείας πωλεῖ. δὸς οὖν τὸ διάφορον, εἴ σοι λυσιτελεῖ, ὅσου πωλεῖται. εἰ δὲ κἀκεῖνα θέλεις μὴ προΐεσθαι καὶ ταῦτα λαμβάνειν, ἄπληστος εἶ καὶ ἀβέλτερος. οὐδὲν οὖν ἔχεις ἀντὶ τοῦ δείπνου; ἔχεις μὲν οὖν τὸ μὴ ἐπαινέσαι τοῦτον, ὃν οὐκ ἤθελες, τὸ μὴ ἀνασχέσθαι αὐτοῦ τῶν ἐπὶ τῆς εἰσόδου.

all das tut? Wenn du den Preis nicht entrichtest, der normalerweise üblich ist, und diese Dinge umsonst haben willst, so bist du ungerecht und gierig.

Wieviel kostet der Salat? Vielleicht einen *Obolus. Wenn jemand einen Obolus zahlt und den Salat bekommt, so glaube nicht, dass du weniger hast als er. Denn er hat den Salat, du aber den Obolus. Und genauso verhält es sich in den Fällen, über die wir gerade nachdenken. Du wurdest nicht zum abendlichen Festmahl geladen. Dann hast du dem Gastgeber den Preis nicht bezahlt, um den er sein Mahl verkauft. Er verkauft es zum Gegenwert von Schmeichelei, und um Aufmerksamkeit zu erlangen. Bezahle also den Preis, zu dem die Einladung verkauft wird, wenn du meinst, dass sie es wert ist. Aber wenn du eingeladen werden willst, ohne dafür zu bezahlen, bist du nur gierig und dumm. Du hast nun nichts anstelle des Mahls? Natürlich hast du etwas. Du musst dem Mann nicht schmeicheln, dem du nicht schmeicheln wolltest, oder dich mit den Männern vor seiner Tür auseinandersetzen.

26. Τὸ βούλημα τῆς φύσεως καταμαθεῖν ἔστιν ἐξ ὧν οὐ διαφερόμεθα πρὸς ἀλλήλους. οἷον, ὅταν ἄλλου παιδάριον κατεάξῃ τὸ ποτήριον, πρόχειρον εὐθὺς λέγειν ὅτι " τῶν γινομένων ἐστίν." ἴσθι οὖν, ὅτι, ὅταν καὶ τὸ σὸν κατεαγῇ, τοιοῦτον εἶναί σε δεῖ, ὁποῖον ὅτε καὶ τὸ τοῦ ἄλλου κατεάγη. οὕτω μετατίθει καὶ ἐπὶ τὰ μείζονα. τέκνον ἄλλου τέθνηκεν ἢ γυνή· οὐδείς ἐστιν ὃς οὐκ ἂν εἴποι ὅτι " ἀνθρώπινον." ἀλλ' ὅταν τὸ αὐτοῦ τινὸς ἀποθάνῃ, εὐθὺς " οἴμοι, τάλας ἐγώ." ἐχρῆν δὲ μεμνῆσθαι, τί πάσχομεν περὶ ἄλλων αὐτὸ ἀκούσαντες.

27. Ὥσπερ σκοπὸς πρὸς τὸ ἀποτυχεῖν οὐ τίθεται, οὕτως οὐδὲ κακοῦ φύσις ἐν κόσμῳ γίνεται.

28. Εἰ μὲν τὸ σῶμά σού τις ἐπέτρεπε τῷ ἀπαντήσαντι, ἠγανάκτεις ἄν· ὅτι δὲ σὺ τὴν γνώμην τὴν σεαυτοῦ ἐπιτρέπεις τῷ τυχόντι,

26. Den Willen der *Natur kann man aus Situationen erkennen, über die wir uns alle einig sind. Wenn beispielsweise der Sklave eines anderen den Trinkbecher seines Herrn zerbricht, sagt man sogleich bereitwillig. »So etwas kann passieren.« Wenn also dein eigener Becher zerbricht, solltest du daran denken, es genauso zu beurteilen wie im Hinblick auf den Becher des anderen. Und nun übertrage diese Regel auf ernstere Dinge. Ein Kind oder die Ehefrau eines anderen ist gestorben. Normalerweise sagt man »So ist das Leben.« Doch wenn ein Mitglied der eigenen Familie stirbt, so klagt man sofort: »Weh mir!« oder »Ich Unglücklicher!«. In solch einer Situation sollten wir uns daran erinnern, wie wir empfinden, wenn wir hören, dass das Gleiche anderen Menschen zustößt.

27. Kein Ziel wird aufgestellt, damit man es verfehlt, und genauso ist nichts auf der Welt von Natur aus *schlecht.

28. Wenn dein Körper irgendjemandem auf der Straße ausgeliefert würde, wärest du wütend. Und doch lieferst du jedem, der dich zu-

ἵνα, ἐὰν λοιδορήσηταί σοι, ταραχθῇ ἐκείνη καὶ συγχυθῇ, οὐκ αἰσχύνῃ τούτου ἕνεκα;

29. Ἑκάστου ἔργου σκόπει τὰ καθηγούμενα καὶ τὰ ἀκόλουθα αὐτοῦ καὶ οὕτως ἔρχου ἐπ' αὐτό. εἰ δὲ μή, τὴν μὲν πρώτην προθύμως ἥξεις ἅτε μηδὲν τῶν ἑξῆς ἐντεθυμημένος, ὕστερον δὲ ἀναφανέντων δυσχερῶν τινῶν αἰσχρῶς ἀποστήσῃ. θέλεις Ὀλύμπια νικῆσαι; κἀγώ, νὴ τοὺς θεούς· κομψὸν γάρ ἐστιν. ἀλλὰ σκόπει τὰ καθηγούμενα καὶ τὰ ἀκόλουθα καὶ οὕτως ἅπτου τοῦ ἔργου. δεῖ σ' εὐτακτεῖν, ἀναγκοτροφεῖν, ἀπέχεσθαι πεμμάτων, γυμνάζεσθαι πρὸς ἀνάγκην, ἐν ὥρᾳ τεταγμένῃ, ἐν καύματι, ἐν ψύχει, μὴ ψυχρὸν πίνειν, μὴ οἶνον, ὡς ἔτυχεν, ἁπλῶς ὡς ἰατρῷ παραδεδωκέναι σεαυτὸν τῷ ἐπιστάτῃ, εἶτα ἐν τῷ ἀγῶνι παρορύσσεσθαι, ἔστι δὲ ὅτε χεῖρα ἐκβαλεῖν, σφυρὸν στρέψαι, πολλὴν ἁφὴν καταπιεῖν, ἔσθ' ὅτε μαστιγωθῆναι, καὶ μετὰ τούτων πάντων νικηθῆναι.

Ταῦτα ἐπισκεψάμενος, ἂν ἔτι θέλῃς, ἔρχου ἐπὶ τὸ ἀθλεῖν. εἰ δὲ μή, ὡς τὰ παιδία ἀναστραφήσῃ, ἃ νῦν μὲν παλαιστὰς παίζει,

fällig beleidigt, deine Gedanken aus und gestattest dir, beunruhigt und verwirrt zu sein. Schämst du dich dessen nicht?

29. Was immer du tust, bedenke den *Modus Ponens, also die Voraussetzungen und Folgen. Erst dann solltest du handeln. Wenn du das nicht beherzigst, wirst du voller Begeisterung anfangen, weil du keine Ahnung von den nächsten Schritten hast; wenn dann Schwierigkeiten auftauchen, wirst du aufgeben, was dir zur Schande gereicht. Willst du bei den Olympischen Spielen gewinnen? Ich natürlich auch, denn dies ist eine hervorragende Angelegenheit. Aber überprüfe das Projekt von Anfang bis Ende, und packe die Sache dann erst an. Du musst üben, streng Diät halten, dich von Gebäck fernhalten, dich täglich einem strengen und regelmäßigen Trainingsplan unterziehen, und zwar sommers wie winters, kein kaltes Wasser und keinen Wein trinken, außer in Ausnahmefällen; mit anderen Worten, du musst dich deinem Trainer unterordnen wie einem Arzt. Im tatsächlichen Wettkampf musst du dich mit den anderen Ringkämpfern

νῦν δὲ μονομάχους, νῦν δὲ σαλπίζει, εἶτα τραγῳδεῖ· οὕτω καὶ σὺ νῦν μὲν ἀθλητής, νῦν δὲ μονομάχος, εἶτα ῥήτωρ, εἶτα φιλόσοφος, ὅλῃ δὲ τῇ ψυχῇ οὐδέν· ἀλλ' ὡς πίθηκος πᾶσαν θέαν, ἣν ἂν ἴδῃς, μιμῇ καὶ ἄλλο ἐξ ἄλλου σοι ἀρέσκει. οὐ γὰρ μετὰ σκέψεως ἦλθες ἐπί τι οὐδὲ περιοδεύσας, ἀλλ' εἰκῆ καὶ κατὰ ψυχρὰν ἐπιθυμίαν.

Οὕτω θεασάμενοί τινες φιλόσοφον καὶ ἀκούσαντες οὕτω τινὸς λέγοντος, ὡς Εὐφράτης λέγει (καίτοι τίς οὕτω δύναται εἰπεῖν, ὡς ἐκεῖνος;), θέλουσι καὶ αὐτοὶ φιλοσοφεῖν. ἄνθρωπε, πρῶτον ἐπίσκεψαι, ὁποῖόν ἐστι τὸ πρᾶγμα· εἶτα καὶ τὴν σεαυτοῦ φύσιν κατάμαθε, εἰ δύνασαι βαστάσαι. πένταθλος εἶναι βούλει ἢ παλαιστής; ἴδε σεαυτοῦ τοὺς βραχίονας, τοὺς μηρούς, τὴν ὀσφὺν κατάμαθε. ἄλλος γὰρ πρὸς ἄλλο πέφυκε. δοκεῖς, ὅτι ταῦτα ποιῶν ὡσαύτως δύνασαι ἐσθίειν, ὡσαύτως πίνειν, ὁμοίως ὀργίζεσθαι, ὁμοίως δυσαρεστεῖν; ἀγρυπνῆσαι δεῖ, πονῆσαι, ἀπὸ τῶν οἰκείων ἀπελθεῖν, ὑπὸ παιδαρίου καταφρονηθῆναι, ὑπὸ τῶν ἀπαντώντων καταγελασθῆναι, ἐν παντὶ

*im Schlamm wälzen, wobei du dir vielleicht die Hand ausrenkst, den Knöchel verstauchst, jede Menge Sand schluckst, Schläge einstecken musst und trotz allem den Kampf verlierst.

Wenn du all dies in Erwägung gezogen hast und es immer noch willst, dann geh hin und stell dich dem Wettkampf. Aber wenn du nicht zuerst nachdenkst, wirst du dich verhalten wie Kinder, die eine Weile Ringen spielen, manchmal als Gladiatoren, dann als Trompeter, dann als Schauspieler. Genauso wirst du auch sein, heute Athlet, dann Gladiator, dann Redner, und als Nächstes Philosoph, aber nichts davon tust du mit Leib und Seele. Du bist wie ein Affe, der imitiert, was immer er sieht, bald gefällt dir dieses, bald jenes. Hast du vorher nicht gründlich nachgedacht oder die Sache gründlich betrachtet, dann stümperst du nur herum und bist nicht mit ganzem Herzen bei der Sache.

So haben beispielsweise einige einen Philosophen gesehen und jemanden wie den *Euphrates reden hören (obwohl doch eigentlich niemand so sprechen kann wie er), und schon wollen sie sich selbst mit der Philosophie be-

ἧττον ἔχειν, ἐν τιμῇ, ἐν ἀρχῇ, ἐν δίκῃ, ἐν πραγματίῳ παντί. ταῦτα ἐπίσκεψαι, εἰ θέλεις ἀντικαταλλάξασθαι τούτων ἀπάθειαν, ἐλευθερίαν, ἀταραξίαν· εἰ δὲ μή, μὴ προσάγαγε, μὴ ὡς τὰ παιδία νῦν φιλόσοφος, ὕστερον δὲ τελώνης, εἶτα ῥήτωρ, εἶτα ἐπίτροπος Καίσαρος. ταῦτα οὐ συμφωνεῖ. ἕνα σε δεῖ ἄνθρωπον ἢ ἀγαθὸν ἢ κακὸν εἶναι· ἢ τὸ ἡγεμονικόν σε δεῖ ἐξεργάζεσθαι τὸ σαυτοῦ ἢ τὰ ἐκτός· ἢ περὶ τὰ ἔσω φιλοτεχνεῖν ἢ περὶ τὰ ἔξω· τοῦτ᾽ ἔστιν ἢ φιλοσόφου τάξιν ἐπέχειν ἢ ἰδιώτου.

fassen. Guter Mann, denke doch zuerst einmal darüber nach, worum es sich überhaupt handelt, und dann prüfe deine eigene Natur, um festzustellen, ob du der Angelegenheit gewachsen bist. Willst du wirklich im Fünfkampf antreten oder im Ringkampf? Wenn ja, dann sieh dir deine Arme und Schenkel und Hüften genau an. Die Menschen unterscheiden sich in dem, wozu sie von Natur aus geeignet sind. Glaubst du, du kannst dich der Philosophie widmen und genauso weiter essen und trinken wie bisher? Oder genauso wütend und gereizt reagieren wie bisher? Du wirst ohne Schlaf auskommen müssen, wirklich hart arbeiten müssen, dich von Freunden und Familie fernhalten müssen, wirst die Verachtung eines jungen Sklaven ertragen müssen, von den Menschen auf der Straße verspottet werden und überall den Kürzeren ziehen: in gesellschaftlicher Stellung, bei der Vergabe von Ämtern oder vor Gericht, tatsächlich überall. Denk über all das nach und prüfe, ob du dieses Leben tatsächlich gegen Ruhe, Freiheit und Gelassenheit eintauschen willst. Falls nicht, komm der Philosophie nur

30. Τὰ καθήκοντα ὡς ἐπίπαν ταῖς σχέσεσι παραμετρεῖται. πατήρ ἐστιν· ὑπαγορεύεται ἐπιμελεῖσθαι, παραχωρεῖν ἁπάντων, ἀνέχεσθαι λοιδοροῦντος, παίοντος. " ἀλλὰ πατὴρ κακός ἐστι." μή τι οὖν πρὸς ἀγαθὸν πατέρα φύσει ᾠκειώθης; ἀλλὰ πρὸς πατέρα. " ὁ ἀδελφὸς ἀδικεῖ." τήρει τοιγαροῦν τὴν τάξιν τὴν σεαυτοῦ πρὸς αὐτόν· μηδὲ σκόπει, τί ἐκεῖνος ποιεῖ, ἀλλὰ τί σοὶ ποιήσαντι κατὰ φύσιν ἕξει ἡ σὴ προαίρεσις. σὲ γὰρ ἄλλος οὐ βλάψει, ἂν μὴ σὺ θέλῃς· τότε δὲ ἔσῃ βεβλαμμένος, ὅταν ὑπολάβῃς βλάπτεσθαι.

ja nicht nahe; sei nicht wie die Kinder, die erst Philosoph und danach Steuereintreiber spielen, sodann Redner und anschließend kaiserlicher Beamter. Diese Berufe passen nicht zusammen. Du musst *ein einziger* Mensch sein, ob gut oder schlecht. Du musst entweder an dem *herrschenden Teil deiner Seele arbeiten oder an Äußerlichkeiten. Entweder das Innere oder das Äußere sollte im Mittelpunkt deiner Bemühungen stehen, was bedeutet, dass du nur entweder die Rolle des Philosophen oder die eines normalen Menschen einnehmen kannst.

30. *Angemessenes Verhalten wird größtenteils von unseren gesellschaftlichen Beziehungen bestimmt. Im Falle deines Vaters gehört dazu, sich um ihn zu kümmern, ihm in allen Dingen so gewähren zu lassen, wie er will, und kein Aufhebens zu machen, wenn er dich beschimpft oder schlägt. »Aber was, wenn er ein schlechter Vater ist?« Glaubst du, *natürliche Verbundenheit empfindest du nur einem guten Vater gegenüber? »Nein, er muss nur Vater sein.« Stell dir vor, dein Bruder behandelt dich schlecht. In diesem Fall halte an

οὕτως οὖν ἀπὸ τοῦ γείτονος, ἀπὸ τοῦ πολίτου, ἀπὸ τοῦ στρατηγοῦ τὸ καθῆκον εὑρήσεις, ἐὰν τὰς σχέσεις ἐθίζῃ θεωρεῖν.

31. Τῆς περὶ τοὺς θεοὺς εὐσεβείας ἴσθι ὅτι τὸ κυριώτατον ἐκεῖνό ἐστιν, ὀρθὰς ὑπολήψεις περὶ αὐτῶν ἔχειν ὡς ὄντων καὶ διοικούντων τὰ ὅλα καλῶς καὶ δικαίως, καὶ σαυτὸν εἰς τοῦτο κατατεταχέναι, τὸ πείθεσθαι αὐτοῖς καὶ εἴκειν πᾶσι τοῖς γινομένοις καὶ ἀκολουθεῖν ἑκόντα ὡς ὑπὸ τῆς ἀρίστης γνώμης ἐπιτελουμένοις. οὕτω γὰρ οὐ μέμψῃ ποτὲ τοὺς θεοὺς οὔτε ἐγκαλέσεις ὡς ἀμελούμενος. ἄλλως δὲ οὐχ οἷόν τε τοῦτο γίνεσθαι, ἐὰν μὴ ἄρῃς ἀπὸ τῶν οὐκ ἐφ' ἡμῖν καὶ ἐν τοῖς ἐφ' ἡμῖν μόνοις θῇς τὸ ἀγαθὸν καὶ τὸ κακόν. ὡς, ἄν γέ

deinem brüderlichen Verhältnis zu ihm fest. Denk nicht darüber nach, warum er sich so verhält, sondern lieber darüber, was du tun musst, um deinen Willen im Einklang mit der Natur zu halten. Tatsächlich kann niemand dir ohne deine Zustimmung ein Leid zufügen; nur wenn du denkst, dass man dir schadet, wird dir auch tatsächlich geschadet. Mache es dir also zur Gewohnheit, deine sozialen Beziehungen zu überprüfen – zu Nachbarn, Mitbürgern, Soldaten – und schon entdeckst du, wie du dich angemessen verhalten kannst.

31. Das Wesen der Frömmigkeit besteht zuallererst darin, den richtigen Glauben im Hinblick auf die Existenz der Götter und ihre gute und gerechte Handhabung des Universums zu haben. Zum Zweiten musst du bereit sein, ihnen zu gehorchen und alles zu akzeptieren, was geschieht, dich ihnen bereitwillig zu fügen, weil du verstehst, dass alles, was passiert, durch ihre vollkommenste Entscheidung verfügt wurde. Auf diese Weise wirst du niemals Fehler an den Göttern finden oder sie vernachlässigen. Aber derlei Frömmigkeit ist nicht möglich, wenn du

τι ἐκείνων ὑπολάβῃς ἀγαθὸν ἢ κακόν, πᾶσα ἀνάγκη, ὅταν ἀποτυγχάνῃς ὧν θέλεις καὶ περιπίπτῃς οἷς μὴ θέλεις, μέμψασθαί σε καὶ μισεῖν τοὺς αἰτίους.

Πέφυκε γὰρ πρὸς τοῦτο πᾶν ζῷον τὰ μὲν βλαβερὰ φαινόμενα καὶ τὰ αἴτια αὐτῶν φεύγειν καὶ ἐκτρέπεσθαι, τὰ δὲ ὠφέλιμα καὶ τὰ αἴτια αὐτῶν μετιέναι τε καὶ τεθηπέναι. ἀμήχανον οὖν βλάπτεσθαί τινα οἰόμενον χαίρειν τῷ δοκοῦντι βλάπτειν, ὥσπερ καὶ τὸ αὐτῇ τῇ βλάβῃ χαίρειν ἀδύνατον. ἔνθεν καὶ πατὴρ ὑπὸ υἱοῦ λοιδορεῖται, ὅταν τῶν δοκούντων ἀγαθῶν εἶναι τῷ παιδὶ μὴ μεταδιδῷ· καὶ Πολυνείκην καὶ Ἐτεοκλέα τοῦτ᾽ ἐποίησε πολεμίους ἀλλήλοις τὸ ἀγαθὸν οἴεσθαι τὴν τυραννίδα. διὰ τοῦτο καὶ ὁ γεωργὸς λοιδορεῖ τοὺς θεούς, διὰ τοῦτο ὁ ναύτης, διὰ τοῦτο ὁ ἔμπορος, διὰ τοῦτο οἱ τὰς γυναῖκας καὶ τὰ τέκνα ἀπολλύντες. ὅπου γὰρ τὸ συμφέρον, ἐκεῖ καὶ τὸ εὐσεβές. ὥστε, ὅστις ἐπιμελεῖται τοῦ ὀρέγεσθαι ὡς δεῖ καὶ ἐκκλίνειν, ἐν τῷ αὐτῷ καὶ εὐσεβείας ἐπιμελεῖται. σπένδειν δὲ καὶ θύειν καὶ ἀπάρχεσθαι κατὰ τὰ πάτρια ἑκάστοις

nicht bereit bist, Gutes und Schlechtes von den Dingen, die uns nicht obliegen, zu trennen und beides lediglich in Bezug auf jene Dinge gelten lässt, *die* uns obliegen. Denn wenn du etwas davon für gut oder schlecht hältst, wann immer du nicht bekommst, was du dir wünschst und dein Ziel verfehlst, wirst du die Götter dafür verantwortlich machen und sie deshalb hassen.

Denn siehst du: Es liegt in der Natur eines jeden Lebewesens, die Dinge zu meiden, die schädlich wirken oder Schaden verursachen, und diejenigen Dinge zu bewundern und anzustreben, die nützlich sind oder Nutzen bringen. Wenn du glaubst, dass du verletzt wurdest, kannst du das, was dich zu verletzen scheint, genauso wenig genießen, wie die Verletzung selbst. Selbst Väter werden von ihren Söhnen beschimpft, wenn sie ihnen Dinge nehmen, die diese für gut halten; auf diese Weise machte die Überzeugung, dass alleinige Macht gut sei, *Eteokles und Polyneikes zu Feinden. Aus dem gleichen Grund beschimpfen die Bauern die Götter, ebenso wie die Seeleute, die Kaufleute oder Männer, die Frau und Kinder verloren haben, es

προσήκει καθαρῶς καὶ μὴ ἐπισεσυρμένως μηδὲ ἀμελῶς μηδέ γε γλίσχρως μηδὲ ὑπὲρ δύναμιν.

32. Ὅταν μαντικῇ προσίῃς, μέμνησο, ὅτι, τί μὲν ἀποβήσεται, οὐκ οἶδας, ἀλλὰ ἥκεις ὡς παρὰ τοῦ μάντεως αὐτὸ πευσόμενος, ὁποῖον δέ τι ἐστίν, ἐλήλυθας εἰδώς, εἴπερ εἶ φιλόσοφος. εἰ γάρ ἐστί τι τῶν οὐκ ἐφ' ἡμῖν, πᾶσα ἀνάγκη μήτε ἀγαθὸν αὐτὸ εἶναι μήτε κακόν. μὴ φέρε οὖν πρὸς τὸν μάντιν ὄρεξιν ἢ ἔκκλισιν (εἰ δὲ μὴ τρέμων αὐτῷ πρόσει), ἀλλὰ διεγνωκώς, ὅτι πᾶν τὸ ἀποβησόμενον ἀδιάφορον καὶ οὐδὲν πρὸς σέ, ὁποῖον δ' ἂν ᾖ, ἔσται αὐτῷ χρήσασθαι καλῶς καὶ τοῦτο οὐδεὶς κωλύσει.

Θαρρῶν οὖν ὡς ἐπὶ συμβούλους ἔρχου τοὺς θεούς· καὶ λοιπόν, ὅταν τί σοι συμβουλευθῇ,

tun. Wo das Interesse der Menschen liegt, dort liegt auch ihre Frömmigkeit. Trägst du also Sorge, deine Wünsche und Abneigungen auf das zu beschränken, wo es angemessen ist, so wirst du ähnlich sorgsam auch mit deiner Frömmigkeit verfahren. Dennoch ist es die Pflicht eines jeden, religiöse Zeremonien zu üben und Opfergaben darzubringen, und zwar mit reinem Herzen und nicht zerstreut oder automatisch und weder knauserig noch verschwenderisch.

32. Wann immer du dir dein Schicksal voraussagen lässt, denke daran, dass du nicht genau wissen wirst, was geschehen wird (deshalb hast du ja das Orakel aufgesucht). Bist du aber ein wirklicher Philosoph, dann weißt du bereits, wie es ausgehen wird. Denn wenn es zu den Dingen gehört, die uns nicht obliegen, kann es weder absolut gut noch schlecht sein. Vermeide es also, deine Wünsche oder Abneigungen auf das Orakel zu richten (sonst wirst du ihm voller Furcht entgegentreten), sondern nähere dich ihm mit dem Verständnis, dass jegliches Ergebnis *indifferent ist – nichts davon betrifft dich. Es sind höchstens Gelegenheiten, die sich dir

μέμνησο τίνας συμβούλους παρέλαβες καὶ τίνων παρακούσεις ἀπειθήσας. ἔρχου δὲ ἐπὶ τὸ μαντεύεσθαι, καθάπερ ἠξίου Σωκράτης, ἐφ᾽ ὧν ἡ πᾶσα σκέψις τὴν ἀναφορὰν εἰς τὴν ἔκβασιν ἔχει καὶ οὔτε ἐκ λόγου οὔτε ἐκ τέχνης τινὸς ἄλλης ἀφορμαὶ δίδονται πρὸς τὸ συνιδεῖν τὸ προκείμενον· ὥστε, ὅταν δεήσῃ συγκινδυνεῦσαι φίλῳ ἢ πατρίδι, μὴ μαντεύεσθαι, εἰ συγκινδυνευτέον. καὶ γὰρ ἂν προείπῃ σοι ὁ μάντις φαῦλα γεγονέναι τὰ ἱερά, δῆλον ὅτι θάνατος σημαίνεται ἢ πήρωσις μέρους τινὸς τοῦ σώματος ἢ φυγή· ἀλλ᾽ αἱρεῖ ὁ λόγος καὶ σὺν τούτοις παρίστασθαι τῷ φίλῳ καὶ τῇ πατρίδι συγκινδυνεύειν. τοιγαροῦν τῷ μείζονι μάντει πρόσεχε, τῷ Πυθίῳ, ὃς ἐξέβαλε τοῦ ναοῦ τὸν οὐ βοηθήσαντα ἀναιρουμένῳ τῷ φίλῳ.

auf die ein oder andere Weise bieten, und aus denen du höchsten Nutzen ziehen kannst und bei denen dir niemand in die Quere kommt.

Wende dich also an die Götter und bitte sie um Rat, und zwar mutig. Als Nächstes, wenn sie dir Rat gegeben haben, solltest du daran denken, wen du als Ratgeber akzeptiert hast und wen du durch deinen Ungehorsam missachten willst. Wende dich aber, wie Sokrates es für gut befand, nur dann an das Orakel, wenn der gesamte Zweck der Befragung darin besteht zu erfahren, was geschehen wird, und wo dich weder Vernunft noch eine andere Prozedur weiterbringen können. Wenn du dich also um eines Freundes oder deines Vaterlandes willen in Gefahr bringen musst, so ist das kein Thema, dessentwegen man das Orakel aufsucht. Denn selbst wenn das Orakel berichtet, dass die Omen unheilverkündend sind, so ist das, was hier vorausgesehen wird, nicht mehr als der Tod, Verwundung oder das Exil. Die Vernunft gebietet, dass du selbst unter diesen Umständen deinen Freund unterstützen und ein Risiko für dein Vaterland eingehen musst.

33. Τάξον τινὰ ἤδη χαρακτῆρα σαυτῷ καὶ τύπον, ὃν φυλάξεις ἐπί τε σεαυτοῦ ὢν καὶ ἀνθρώποις ἐντυγχάνων.

Καὶ σιωπὴ τὸ πολὺ ἔστω ἢ λαλείσθω τὰ ἀναγκαῖα καὶ δι' ὀλίγων. σπανίως δέ ποτε καιροῦ παρακαλοῦντος ἐπὶ τὸ λέγειν λέξον μέν, ἀλλὰ περὶ οὐδενὸς τῶν τυχόντων· μὴ περὶ μονομαχιῶν, μὴ περὶ ἱπποδρομιῶν, μὴ περὶ ἀθλητῶν, μὴ περὶ βρωμάτων ἢ πομάτων, τῶν ἑκασταχοῦ, μάλιστα δὲ μὴ περὶ ἀνθρώπων ψέγων ἢ ἐπαινῶν ἢ συγκρίνων. ἂν μὲν οὖν οἷός τε ῇς, μετάγαγε τοῖς σοῖς λόγοις καὶ τοὺς τῶν συνόντων ἐπὶ τὸ προσῆκον. εἰ δὲ ἐν ἀλλοφύλοις ἀποληφθεὶς τύχοις, σιώπα.

Γέλως μὴ πολὺς ἔστω μηδὲ ἐπὶ πολλοῖς μηδὲ ἀνειμένος.

Ὅρκον παραίτησαι, εἰ μὲν οἷόν τε, εἰς ἅπαν, εἰ δὲ μή, ἐκ τῶν ἐνόντων.

Ἑστιάσεις τὰς ἔξω καὶ ἰδιωτικὰς διακρούου· ἐὰν δέ ποτε γίνηται καιρός, ἐντετάσθω

Achte also auf den größeren Wahrsager, den *pythischen Apollon. Er jagte den Mann aus dem Tempel, der seinem Freund nicht zur Hilfe eilte, als dieser getötet wurde.

33. Entwirf jetzt für dich selbst einen fest umrissenen Charakter und eine Identität, an die du dich halten kannst, ob du nun allein oder in Gesellschaft bist.

Bleibe größtenteils schweigsam oder beschränke deine Unterhaltung auf das notwendige Minimum. Bei seltenen Gelegenheiten jedoch, wenn die Situation es erfordert, beteilige dich an dem Gespräch, aber nicht über banale Themen wie Gladiatoren oder Pferderennen oder Athleten oder Essen oder Trinken – derlei Themen kommen immerzu auf; und vor allem sprich niemals kritisch oder schmeichelnd oder verurteilend über andere Menschen. Wenn du kannst, dann leite die Gespräche deiner Freunde durch deine eigene Konversation in passende Bahnen, aber wenn du allein unter Fremden bist, bleibe schweigsam.

Lache nicht viel oder häufig und vor allem leise.

σοι ἡ προσοχή, μήποτε ἄρα ὑπορρυῇς εἰς ἰδιωτισμόν. ἴσθι γάρ, ὅτι, ἐὰν ὁ ἑταῖρος ᾖ μεμολυσμένος, καὶ τὸν συνανατριβόμενον αὐτῷ συμμολύνεσθαι ἀνάγκη, κἂν αὐτὸς ὢν τύχῃ καθαρός.

Τὰ περὶ τὸ σῶμα μέχρι τῆς χρείας ψιλῆς παραλάμβανε, οἷον τροφάς, πόμα, ἀμπεχόνην, οἰκίαν, οἰκετίαν· τὸ δὲ πρὸς δόξαν ἢ τρυφὴν ἅπαν περίγραφε.

Περὶ ἀφροδίσια εἰς δύναμιν πρὸ γάμου καθαρευτέον· ἁπτομένῳ δὲ ὧν νομιμόν ἐστι μεταληπτέον. μὴ μέντοι ἐπαχθὴς γίνου τοῖς χρωμένοις μηδὲ ἐλεγκτικός· μηδὲ πολλαχοῦ τὸ ὅτι αὐτὸς οὐ χρῇ, παράφερε.

Ἐάν τίς σοι ἀπαγγείλῃ ὅτι ὁ δεῖνά σε κακῶς λέγει, μὴ ἀπολογοῦ πρὸς τὰ λεχθέντα, ἀλλ' ἀποκρίνου διότι " ἠγνόει γὰρ τὰ ἄλλα τὰ προσόντα μοι κακά, ἐπεὶ οὐκ ἂν ταῦτα μόνα ἔλεγεν."

Εἰς τὰ θέατρα τὸ πολὺ παριέναι οὐκ ἀναγκαῖον. εἰ δέ ποτε καιρὸς εἴη, μηδενὶ σπουδάζων φαίνου ἢ σεαυτῷ, τοῦτ' ἔστι θέλε γίνεσθαι μόνα τὰ γινόμενα καὶ νικᾶν μόνον τὸν νικῶντα· οὕτω γὰρ οὐκ ἐμποδισθήσῃ.

Weigere dich stets, einen Eid zu schwören. Falls das nicht möglich ist, weigere dich nur nach deinen Möglichkeiten.

Nimm nicht an Festmahlen teil, die von *Menschen außerhalb deines Kreises gegeben werden. Solltest du es dennoch tun müssen, achte genau darauf, dich ihnen nicht anzupassen. Schlechte Umgangsformen eines Gefährten färben unweigerlich auf denjenigen ab, der bei ihm ist, unabhängig davon, wie kultiviert Letzterer sein mag.

Was den Körper und alles Materielle betrifft – also Essen, Trinken, Kleidung, Wohnung und Dienerschaft –, so beanspruche nur das, was du brauchst, und meide alles, was auf Glanz und Luxus abzielt.

Was geschlechtliche Beziehungen angeht, so verzichte vor der Ehe so weit wie möglich darauf. Wenn du dich aber darauf einlässt, tue nichts, das gesellschaftlich nicht akzeptiert wird. Aber mische dich nicht in das Geschlechtsleben anderer Menschen ein und kritisiere sie auch nicht. Erwähne auch nicht überall deine eigene Enthaltsamkeit.

βοῆς δὲ καὶ τοῦ ἐπιγελᾶν τινὶ ἢ ἐπὶ πολὺ συγκινεῖσθαι παντελῶς ἀπέχου. καὶ μετὰ τὸ ἀπαλλαγῆναι μὴ πολλὰ περὶ τῶν γεγενημένων διαλέγου, ὅσα μὴ φέρει πρὸς τὴν σὴν ἐπανόρθωσιν· ἐμφαίνεται γὰρ ἐκ τοῦ τοιούτου, ὅτι ἐθαύμασας τὴν θέαν.

Εἰς ἀκροάσεις τινῶν μὴ εἰκῇ μηδὲ ῥᾳδίως πάριθι· παριὼν δὲ τὸ σεμνὸν καὶ τὸ εὐσταθὲς καὶ ἅμα ἀνεπαχθὲς φύλασσε.

Ὅταν τινὶ μέλλῃς συμβαλεῖν, μάλιστα τῶν ἐν ὑπεροχῇ δοκούντων, πρόβαλε σαυτῷ, τί ἂν ἐποίησεν ἐν τούτῳ Σωκράτης ἢ Ζήνων, καὶ οὐκ ἀπορήσεις τοῦ χρήσασθαι προσηκόντως τῷ ἐμπεσόντι. ὅταν φοιτᾷς πρός τινα τῶν μέγα δυναμένων, πρόβαλε, ὅτι οὐχ εὑρήσεις αὐτὸν ἔνδον, ὅτι ἀποκλεισθήσῃ, ὅτι ἐντιναχθήσονταί σοι αἱ θύραι, ὅτι οὐ φροντιεῖ σου. κἂν σὺν τούτοις ἐλθεῖν καθήκῃ, ἐλθὼν φέρε τὰ γινόμενα καὶ μηδέποτε εἴπῃς αὐτὸς πρὸς ἑαυτὸν ὅτι " οὐκ ἦν τοσούτου "· ἰδιωτικὸν γὰρ καὶ διαβεβλημένον πρὸς τὰ ἐκτός.

Ἐν ταῖς ὁμιλίαις ἀπέστω τὸ ἑαυτοῦ τινῶν ἔργων ἢ κινδύνων ἐπὶ πολὺ καὶ ἀμέτρως μεμνῆσθαι. οὐ γάρ, ὡς σοὶ ἡδύ ἐστι τὸ τῶν

Wenn dir jemand berichtet, dass ein anderer schlecht über dich redet, verteidige dich nicht, sondern antworte nur: »Offensichtlich kannte er meine anderen Fehler nicht, sonst hätte er sie ebenfalls erwähnt.«

Es besteht kein Anlass, häufig bei den öffentlichen Spielen zu erscheinen, falls du es aber gelegentlich tust, dann vermeide es, offensichtlich irgendeine Seite außer deiner eigenen zu unterstützen – damit meine ich, dass du dir genau das Ergebnis wünschen solltest, das dabei herauskommt, und als Gewinner nur den, der tatsächlich gewinnt. Auf diese Weise wirst du nicht enttäuscht sein. Vermeide unter allen Umständen laute Zurufe oder Gelächter über irgendjemanden oder zu starke Gefühlsregungen. Und nachdem du die Spiele wieder verlassen hast, beschränke deinen Bericht über die Ereignisse auf jene Erfahrungen, die zu deiner Vervollkommnung beigetragen haben. Sonst werden die Leute denken, du seiest von dem Spektakel beeindruckt worden.

Tauche nicht zufällig oder gedankenlos bei *öffentlichen Vorträgen auf. Gehst du aber hin,

σῶν κινδύνων μεμνῆσθαι, οὕτω καὶ τοῖς ἄλλοις ἡδύ ἐστι τὸ τῶν σοὶ συμβεβηκότων ἀκούειν. ἀπέστω δὲ καὶ τὸ γέλωτα κινεῖν· ὀλισθηρὸς γὰρ ὁ τρόπος εἰς ἰδιωτισμὸν καὶ ἅμα ἱκανὸς τὴν αἰδῶ τὴν πρὸς σὲ τῶν πλησίον ἀνιέναι. ἐπισφαλὲς δὲ καὶ τὸ εἰς αἰσχρολογίαν προελθεῖν. ὅταν οὖν τι συμβῇ τοιοῦτον, ἂν μὲν εὔκαιρον ᾖ, καὶ ἐπίπληξον τῷ προελθόντι· εἰ δὲ μή, τῷ γε ἀποσιωπῆσαι καὶ ἐρυθριᾶσαι καὶ σκυθρωπάσαι δῆλος γίνου δυσχεραίνων τῷ λόγῳ.

so achte auf ein würdevolles und ernsthaftes Benehmen, das niemanden beleidigt.

Wann immer du auf jemanden triffst, insbesondere jemanden, der als bedeutend gilt, frage dich, was Sokrates oder *Zenon in diesem Fall getan hätten. Dann wird es dir nicht schwerfallen, die Situation zu meistern. Und wenn du einen hohen Beamten besuchst, stell dir vor, dass du ihn zu Hause vielleicht gar nicht antriffst, dass du ausgeschlossen wirst, dass dir die Tür vor der Nase zugeschlagen wird und dass er dich ignorieren wird. Aber wenn du trotz allem hingehen musst, dann akzeptiere es und geh hin, ohne dir beständig zu sagen: »Es hat sich nicht gelohnt.« Das würde ein normaler Mensch tun, jemand, der sich von den Umständen aus der Ruhe bringen lässt.

Bist du in Gesellschaft, so schildere nicht lang und breit deine eigenen Taten oder Abenteuer. Es mag dir Vergnügen bereiten, darüber zu berichten, aber andere sind weniger als du an dem interessiert, was dir widerfahren ist. Und versuche niemals, witzig zu sein; dieses Verhalten erregt oft Anstoß und führt dazu,

34. Ὅταν ἡδονῆς τινὸς φαντασίαν λάβῃς, καθάπερ ἐπὶ τῶν ἄλλων, φύλασσε σαυτόν, μὴ συναρπασθῇς ὑπ' αὐτῆς· ἀλλ' ἐκδεξάσθω σε τὸ πρᾶγμα, καὶ ἀναβολήν τινα παρὰ σεαυτοῦ λάβε. ἔπειτα μνήσθητι ἀμφοτέρων τῶν χρόνων, καθ' ὅν τε ἀπολαύσεις τῆς ἡδονῆς, καὶ καθ' ὃν ἀπολαύσας ὕστερον μετανοήσεις καὶ αὐτὸς σεαυτῷ λοιδορήσῃ· καὶ τούτοις ἀντίθες ὅπως ἀποσχόμενος χαιρήσεις καὶ ἐπαινέσεις αὐτὸς σεαυτόν. ἐὰν δέ σοι καιρὸς φανῇ ἅψασθαι τοῦ ἔργου, πρόσεχε, μὴ ἡττήσῃ σε τὸ προσηνὲς αὐτοῦ καὶ ἡδὺ καὶ ἐπαγωγόν· ἀλλ' ἀντιτίθει, πόσῳ ἄμεινον τὸ συνειδέναι σεαυτῷ ταύτην τὴν νίκην νενικηκότι.

dass deine Mitmenschen dich weniger achten. Ermutige auch niemals zotiges Gerede. Wenn du einmal Zeuge solcher Reden wirst, dann rüge denjenigen, der damit begonnen hat, sobald der richtige Augenblick dafür gekommen ist. Kommt er nicht, so zeige deine Missbilligung durch dein Schweigen, Erröten und deine finstere Miene.

34. Wann immer der Eindruck irgendeiner Sinnenfreude dir in den Sinn kommt, hüte dich, dich davon mitreißen zu lassen, genau wie du es bei Eindrücken im Allgemeinen handhaben solltest. Lass die betreffende Sache ein wenig warten und gönne dir eine Pause. Dann denke an beide Augenblicke – zuerst an denjenigen, in dem du die Lust genießt, und an den danach, wenn du es bedauerst und wütend über dich selbst bist. Und nun vergleiche dies mit deiner Freude und Selbstzufriedenheit, wenn du Enthaltsamkeit geübt hast. Solltest du aber dennoch feststellen, dass dies der richtige Moment ist, um sich darauf einzulassen, hüte dich, von dem Verführerischen, dem Zauber und der Süße überwältigt zu werden. Halte dir vielmehr

35. Ὅταν τι διαγνούς, ὅτι ποιητέον ἐστί, ποιῇς, μηδέποτε φύγῃς ὀφθῆναι πράσσων αὐτό, κἂν ἀλλοῖόν τι μέλλωσιν οἱ πολλοὶ περὶ αὐτοῦ ὑπολαμβάνειν. εἰ μὲν γὰρ οὐκ ὀρθῶς ποιεῖς, αὐτὸ τὸ ἔργον φεῦγε· εἰ δὲ ὀρθῶς, τί φοβῇ τοὺς ἐπιπλήξοντας οὐκ ὀρθῶς;

36. Ὡς τὸ " ἡμέρα ἐστί " καὶ " νύξ ἐστι " πρὸς μὲν τὸ διεζευγμένον μεγάλην ἔχει ἀξίαν, πρὸς δὲ τὸ συμπεπλεγμένον ἀπαξίαν, οὕτω καὶ τὸ τὴν μείζω μερίδα ἐκλέξασθαι πρὸς μὲν τὸ σῶμα ἐχέτω ἀξίαν, πρὸς δὲ τὸ τὸ κοινωνικὸν ἐν ἑστιάσει, οἷον δεῖ, φυλάξαι, ἀπαξίαν ἔχει. ὅταν οὖν συνεσθίῃς ἑτέρῳ, μέμνησο, μὴ μόνον τὴν πρὸς τὸ σῶμα ἀξίαν τῶν παρακειμένων ὁρᾶν, ἀλλὰ καὶ τὴν πρὸς τὸν ἑστιάτορα αἰδῶ φυλάξαι.

vor Augen, wie schön es ist zu erkennen, dass du diesen Sieg errungen hast.

35. Hast du dich einmal entschlossen, etwas Bestimmtes zu tun, so versuche nie, dabei nicht gesehen zu werden, auch wenn die Menschen im Allgemeinen die Handlungsweise nicht billigen. Wenn dein Handeln natürlich falsch ist, dann verzichte darauf; ist es aber richtig, warum solltest du dann Angst vor Menschen haben, die dich zu Unrecht kritisieren?

36. Die *Disjunktion der Aussagen »Es ist Tag« und »Es ist Nacht« ist stichhaltig (»Entweder ist es Tag, oder es ist Nacht«), aber ihre *Konjunktion (»Es ist sowohl Tag als auch Nacht.«) ist komplett unsinnig. Genauso verhält es sich in folgender Situation: Wenn du bei einem Gastmahl das größere Stück wählst, kann das für deinen Körper durchaus positiv sein, aber auf die gesellschaftliche Norm, die hier greift, könnte es sich negativ auswirken. Wenn du also mit jemandem speist, denke daran, nicht nur den Wert zu bedenken, den die Speisen für deinen Körper haben, sondern erweise auch dem Gastgeber deinen Respekt.

37. Ἐὰν ὑπὲρ δύναμιν ἀναλάβῃς τι πρόσωπον, καὶ ἐν τούτῳ ἠσχημόνησας καί, ὃ ἠδύνασο ἐκπληρῶσαι, παρέλιπες.

38. Ἐν τῷ περιπατεῖν καθάπερ προσέχεις, μὴ ἐπιβῇς ἥλῳ ἢ στρέψῃς τὸν πόδα σου, οὕτω πρόσεχε, μὴ καὶ τὸ ἡγεμονικὸν βλάψῃς τὸ σεαυτοῦ. καὶ τοῦτο ἐὰν ἐφ' ἑκάστου ἔργου παραφυλάσσωμεν, ἀσφαλέστερον ἁψόμεθα τοῦ ἔργου.

39. Μέτρον κτήσεως τὸ σῶμα ἑκάστῳ ὡς ὁ ποὺς ὑποδήματος. ἐὰν μὲν οὖν ἐπὶ τούτου στῇς, φυλάξεις τὸ μέτρον· ἐὰν δὲ ὑπερβῇς, ὡς κατὰ κρημνοῦ λοιπὸν ἀνάγκη φέρεσθαι· καθάπερ καὶ ἐπὶ τοῦ ὑποδήματος, ἐὰν ὑπὲρ τὸν πόδα ὑπερβῇς, γίνεται κατάχρυσον ὑπόδημα, εἶτα πορφυροῦν, κεντητόν. τοῦ γὰρ ἅπαξ ὑπὲρ τὸ μέτρον ὅρος οὐθείς ἐστιν.

37. Hast du eine *Rolle übernommen, die deine Kräfte übersteigt, so hast du dich dadurch nicht nur selbst erniedrigt, sondern auch diejenige Rolle aufgegeben, in der du achtbare Leistungen hättest vollbringen können.

38. Beim Spazierengehen achtest du darauf, nicht auf einen Nagel zu treten oder dir den Fuß zu verstauchen. Genauso aufmerksam solltest du darauf achten, dem herrschenden Teil deiner Seele keinen Schaden zuzufügen. Wenn wir uns bei allem, was wir tun, an diese Regel halten, können wir mit größerer Sicherheit handeln.

39. Der Körper ist das angemessene Maß für die Besitztümer und Bedürfnisse eines Menschen, genau wie der Fuß das Maß für den Schuh ist. Wenn du dich an diese Regel hältst, wirst du Maß halten, wenn du es aber überschreitest, wirst du unweigerlich gewissermaßen in den Abgrund stürzen. Das Gleiche gilt für den Schuh, wenn du das Maß überschreitest; zunächst kommt der vergoldete Schuh, dann ist er mit Purpur verziert. Hast du das Maß einmal überschritten, gibt es keine Grenze mehr.

40. Αἱ γυναῖκες εὐθὺς ἀπὸ τεσσαρεσκαίδεκα ἐτῶν ὑπὸ τῶν ἀνδρῶν κυρίαι καλοῦνται. τοιγαροῦν ὁρῶσαι, ὅτι ἄλλο μὲν οὐδὲν αὐταῖς πρόσεστι, μόνον δὲ συγκοιμῶνται τοῖς ἀνδράσι, ἄρχονται καλλωπίζεσθαι καὶ ἐν τούτῳ πάσας ἔχειν τὰς ἐλπίδας. προσέχειν οὖν ἄξιον, ἵνα αἴσθωνται, διότι ἐπ' οὐδενὶ ἄλλῳ τιμῶνται ἢ τῷ κόσμιαι φαίνεσθαι καὶ αἰδήμονες.

41. Ἀφυΐας σημεῖον τὸ ἐνδιατρίβειν τοῖς περὶ τὸ σῶμα, οἷον ἐπὶ πολὺ γυμνάζεσθαι, ἐπὶ πολὺ ἐσθίειν, ἐπὶ πολὺ πίνειν, ἐπὶ πολὺ ἀποπατεῖν, ὀχεύειν. ἀλλὰ ταῦτα μὲν ἐν παρέργῳ ποιητέον· περὶ δὲ τὴν γνώμην ἡ πᾶσα ἔστω ἐπιστροφή.

42. Ὅταν σέ τις κακῶς ποιῇ ἢ κακῶς λέγῃ, μέμνησο, ὅτι καθήκειν αὐτῷ οἰόμενος ποιεῖ ἢ λέγει. οὐχ οἷόν τε οὖν ἀκολουθεῖν αὐτὸν τῷ σοὶ φαινομένῳ, ἀλλὰ τῷ ἑαυτῷ, ὥστε, εἰ κακῶς αὐτῷ φαίνεται, ἐκεῖνος βλάπτεται, ὅστις καὶ ἐξηπάτηται. καὶ γὰρ τὸ ἀληθὲς συμπεπλεγμένον ἄν τις ὑπολάβῃ ψεῦδος, οὐ τὸ συμπεπλεγμένον βέβλαπται, ἀλλ' ὁ

40. Wenn junge Frauen vierzehn Jahre alt werden, nennen die Männer sie »Herrin«. Wenn diese bemerken, dass ihre einzige Aussicht darin besteht, mit ihnen ins Bett zu gehen, fangen sie an, sich herauszuputzen und ihre ganze Hoffnung auf ihr Aussehen zu setzen. Sie müssen verstehen, dass die wahre Grundlage des Respekts darin besteht, anständig und bescheiden zu wirken.

41. Es ist das Kennzeichen einer gemeinen Natur, wenn jemand allzu viel Zeit mit körperlichen Dingen verbringt, wie dem Sport, Essen, Trinken, dem Verrichten der Notdurft und dem Kopulieren. Solches sollte nebenbei erfolgen. Deine gesamte Aufmerksamkeit sollte ausschließlich deinem Geist gelten.

42. Wann immer die Menschen dich schlecht behandeln oder dich kritisieren, denk daran, dass sie lediglich tun und sagen, was sie für sich selbst für angemessen halten. Sie können nicht *deiner* Ansicht folgen, sondern nur ihrer eigenen. Wenn ihre Ansicht also falsch ist, dann sind sie diejenigen, die Schaden nehmen, denn sie sind diejenigen, die sich irren. Wenn jemand

ἐξαπατηθείς. ἀπὸ τούτων οὖν ὁρμώμενος πρᾴως ἕξεις πρὸς τὸν λοιδοροῦντα. ἐπιφθέγγου γὰρ ἐφ' ἑκάστῳ ὅτι " ἔδοξεν αὐτῷ."

43. Πᾶν πρᾶγμα δύο ἔχει λαβάς, τὴν μὲν φορητήν, τὴν δὲ ἀφόρητον. ὁ ἀδελφὸς ἐὰν ἀδικῇ, ἐντεῦθεν αὐτὸ μὴ λάμβανε, ὅτι ἀδικεῖ (αὕτη γὰρ ἡ λαβή ἐστιν αὐτοῦ οὐ φορητή), ἀλλὰ ἐκεῖθεν μᾶλλον, ὅτι ἀδελφός, ὅτι σύντροφος, καὶ λήψῃ αὐτὸ καθ' ὃ φορητόν.

44. Οὗτοι οἱ λόγοι ἀσύνακτοι· " ἐγώ σου πλουσιώτερός εἰμι, ἐγώ σου ἄρα κρείσσων "· "ἐγώ σου λογιώτερος, ἐγώ σου ἄρα κρείσσων " ἐκεῖνοι δὲ μᾶλλον συνακτικοί· " ἐγώ σου πλουσιώτερός εἰμι, ἡ ἐμὴ ἄρα κτῆσις τῆς σῆς κρείσσων"· "ἐγώ σου λογιώτερος, ἡ ἐμὴ ἄρα λέξις τῆς σῆς κρείσσων." σὺ δέ γε οὔτε κτῆσις εἶ οὔτε λέξις.

eine wahre *Konjunktion als falsch bezeichnet, so fügt er der Aussage selbst keinen Schaden zu, sondern nur der Person, die den Fehler macht. Davon ausgehend wirst du deinen Kritikern gegenüber nachsichtig sein und dir jedes Mal sagen: »Das ist nur das, was sie dachten.«

43. Jede Situation hat zwei Seiten, eine, von der man sie in den Griff kriegen kann, und eine, von der man sie nicht greifen kann. Wenn dein Bruder dich schlecht behandelt, dann packe es nicht von der Seite an, dass er dir Unrecht tut – denn dort kannst du nicht ansetzen –, sondern wähle stattdessen den anderen Ansatz, dass er dein Bruder ist, der Junge, mit dem du großgezogen wurdest, dann kannst du die Situation ergreifen und meistern.

44. Folgende Schlussfolgerungen sind falsch: »Ich bin reicher als du, deshalb bin ich besser als du.« Und: »Ich kann besser reden als du, deshalb bin ich besser als du.« Aber die folgenden Schlussfolgerungen sind zutreffend. »Ich bin reicher als du, deshalb ist mein Besitz deinem überlegen.« Oder »Ich kann besser reden als du, also ist meine Redekunst deiner über-

45. Λούεταί τις ταχέως· μὴ εἴπῃς ὅτι κακῶς, ἀλλ' ὅτι ταχέως. πίνει τις πολὺν οἶνον· μὴ εἴπῃς ὅτι κακῶς, ἀλλ' ὅτι πολυν. πρὶν γὰρ διαγνῶναι τὸ δόγμα, πόθεν οἶσθα, εἰ κακῶς; οὕτως οὐ συμβήσεταί σοι ἄλλων μὲν φαντασίας καταληπτικὰς λαμβάνειν, ἄλλοις δὲ συγκατατίθεσθαι.

46. Μηδαμοῦ σεαυτὸν εἴπῃς φιλόσοφον μηδὲ λάλει τὸ πολὺ ἐν ἰδιώταις περὶ τῶν θεωρημάτων, ἀλλὰ ποίει τὸ ἀπὸ τῶν θεωρημάτων· οἷον ἐν συμποσίῳ μὴ λέγε, πῶς δεῖ ἐσθίειν, ἀλλ' ἔσθιε, ὡς δεῖ. μέμνησο γάρ, ὅτι οὕτως ἀφῃρήκει πανταχόθεν Σωκράτης τὸ ἐπιδεικτικόν, ὥστε ἤρχοντο πρὸς αὐτὸν βουλόμενοι φιλοσόφοις ὑπ' αὐτοῦ συσταθῆναι, κἀκεῖνος ἀπῆγεν αὐτούς. οὕτως ἠνείχετο παρορώμενος. κἂν περὶ θεωρήματός τινος ἐν ἰδιώταις ἐμπίπτῃ λόγος, σιώπα τὸ

legen.« Aber du selbst bist weder dein Besitz noch deine Redekunst.

45. Wenn Menschen eilig ein Bad nehmen, kritisiere sie nicht deswegen, sondern sage nur, dass sie es eilig nehmen. Wenn sie viel Wein trinken, kritisiere sie nicht deswegen, sondern sage nur, dass sie viel trinken. Wie kannst du wissen, ob sie sich tatsächlich falsch verhalten, solange du nicht ihre Gründe kennst? Auf diese Weise wirst du *unzweifelhafte Eindrücke einer Situation nicht mit der *Billigung eines anderen Umstandes verwechseln, den du aber gar nicht sicher einschätzen kannst.

46. Nenne dich niemals selbst einen Philosophen und sprich auch unter Laien nicht allzu viel über deine philosophischen Grundsätze; handele einfach nur nach dem, was deine Prinzipien dir vorschreiben. Sprich beispielsweise bei einem abendlichen Festmahl nicht über Tischmanieren, sondern esse einfach selbst so, wie es sich gehört. Denk daran: Sokrates war selbst so zurückhaltend, dass die Menschen zu ihm kamen, wenn sie wollten, dass er sie anderen Philosophen vorstellte. Er nahm

πολύ· μέγας γὰρ ὁ κίνδυνος εὐθὺς ἐξεμέσαι, ὃ οὐκ ἔπεψας. καὶ ὅταν εἴπῃ σοί τις, ὅτι οὐδὲν οἶσθα, καὶ σὺ μὴ δηχθῇς, τότε ἴσθι, ὅτι ἄρχῃ τοῦ ἔργου. ἐπεὶ καὶ τὰ πρόβατα οὐ χόρτον φέροντα τοῖς ποιμέσιν ἐπιδεικνύει πόσον ἔφαγεν, ἀλλὰ τὴν νομὴν ἔσω πέψαντα ἔρια ἔξω φέρει καὶ γάλα· καὶ σὺ τοίνυν μὴ τὰ θεωρήματα τοῖς ἰδιώταις ἐπιδείκνυε, ἀλλ' ἀπ' αὐτῶν πεφθέντων τὰ ἔργα.

47. Ὅταν εὐτελῶς ἡρμοσμένος ᾖς κατὰ τὸ σῶμα, μὴ καλλωπίζου ἐπὶ τούτῳ μηδ', ἂν ὕδωρ πίνῃς, ἐκ πάσης ἀφορμῆς λέγε, ὅτι ὕδωρ πίνεις. κἂν ἀσκῆσαί ποτε πρὸς πόνον θέλῃς, σεαυτῷ καὶ μὴ τοῖς ἔξω· μὴ τοὺς ἀνδριάντας περιλάμβανε· ἀλλὰ διψῶν ποτὲ σφοδρῶς

sie einfach mit, so wenig machte es ihm aus, selbst übersehen zu werden. Wenn ein philosophisches Thema zur Sprache kommt, dann bleibe so weit wie möglich schweigsam, denn es besteht die Gefahr, dass du etwas von dir gibst, was du noch nicht ganz verdaut hast. Wenn dein Schweigen als Unwissenheit gewertet wird, und du nicht reagierst, dann hast du wahrlich den ersten Schritt getan, um dich als wahrer Philosoph zu erweisen. Schafe zeigen den Hirten nicht, wie viel sie gefressen haben, indem sie ihnen ihr Futter zurückbringen, sie verdauen es im Körper und bringen äußerlich nur Wolle und Milch hervor. In deinem Fall bedeutet das: Prahle vor gewöhnlichen Menschen nicht mit deinen philosophischen Prinzipien, sondern zeige durch dein Handeln, dass du diese Prinzipien verdaut hast.

47. Wenn du deinen Körper an anspruchsloses Essen gewöhnt hast, dann brüste dich nicht damit, und wenn du nur Wasser trinkst, dann sprich nicht dauernd darüber. Und wenn du deine Ausdauer steigern willst, dann tu das im Geheimen und nicht so, dass alle Welt es

ἐπίσπασαι ψυχροῦ ὕδατος καὶ ἔκπτυσον καὶ μηδενὶ εἴπῃς.

48. Ἰδιώτου στάσις καὶ χαρακτήρ· οὐδέποτε ἐξ ἑαυτοῦ προσδοκᾷ ὠφέλειαν ἢ βλάβην, ἀλλ' ἀπὸ τῶν ἔξω. φιλοσόφου στάσις καὶ χαρακτήρ· πᾶσαν ὠφέλειαν καὶ βλάβην ἐξ ἑαυτοῦ προσδοκᾷ.

Σημεῖα προκόπτοντος· οὐδένα ψέγει, οὐδένα ἐπαινεῖ, οὐδένα μέμφεται, οὐδενὶ ἐγκαλεῖ, οὐδὲν περὶ ἑαυτοῦ λέγει ὡς ὄντος τινὸς ἢ εἰδότος τι. ὅταν ἐμποδισθῇ τι ἢ κωλυθῇ, ἑαυτῷ ἐγκαλεῖ. κἂν τις αὐτὸν ἐπαινῇ, καταγελᾷ τοῦ ἐπαινοῦντος αὐτὸς παρ' ἑαυτῷ· κἂν ψέγῃ, οὐκ ἀπολογεῖται. περίεισι δὲ καθάπερ οἱ ἄρρωστοι, εὐλαβούμενός τι κινῆσαι τῶν καθισταμένων, πρὶν πῆξιν λαβεῖν. ὄρεξιν ἅπασαν ἦρκεν ἐξ ἑαυτοῦ· τὴν δ' ἔκκλισιν εἰς μόνα τὰ παρὰ φύσιν τῶν ἐφ' ἡμῖν μετατέθεικεν. ὁρμῇ πρὸς ἅπαντα ἀνειμένῃ χρῆται. ἂν ἠλίθιος ἢ ἀμαθὴς δοκῇ,

sieht. Lass dich nicht [vor aller Augen] darauf ein, *Statuen zu umarmen. Wenn du sehr durstig bist, kannst du kaltes Wasser in den Mund nehmen und wieder ausspucken, aber ohne es irgendjemandem zu sagen.

48. Haltung und Kennzeichen gewöhnlicher Menschen ist es, niemals Hilfe oder Schaden von sich selbst, sondern immer nur von außen zu erwarten. Haltung und Kennzeichen eines Philosophen ist es, nur von sich selbst Hilfe und Schaden zu erwarten.

Menschen, die Fortschritte machen, kennzeichnen sich durch Folgendes aus: Sie kritisieren niemanden, loben niemanden, machen niemandem Vorwürfe, beschuldigen niemanden und sprechen nie so über sich selbst, als seien sie von Bedeutung oder wüssten etwas. Wann immer ein solcher Mensch frustriert oder behindert wird, klagt er sich selbst an. Wenn man ihn lobt, dann lacht er im Stillen über sich selbst und über den Lobenden. Wenn er kritisiert wird, verteidigt er sich nicht selbst. Er geht umher wie ein Patient, der sich hütet, keine seiner angeschlagenen Gliedmaßen zu verletzen, be-

οὐ πεφρόντικεν. ἑνί τε λόγῳ, ὡς ἐχθρὸν ἑαυτὸν παραφυλάσσει καὶ ἐπίβουλον.

49. Ὅταν τις ἐπὶ τῷ νοεῖν καὶ ἐξηγεῖσθαι δύνασθαι τὰ Χρυσίππου βιβλία σεμνύνηται, λέγε αὐτὸς πρὸς ἑαυτὸν ὅτι " εἰ μὴ Χρύσιππος ἀσαφῶς ἐγεγράφει, οὐδὲν ἂν εἶχεν οὗτος, ἐφ' ᾧ ἐσεμνύνετο." Ἐγὼ δὲ τί βούλομαι; καταμαθεῖν τὴν φύσιν καὶ ταύτῃ ἕπεσθαι. ζητῶ οὖν, τίς ἐστὶν ὁ ἐξηγούμενος· καὶ ἀκούσας, ὅτι Χρύσιππος, ἔρχομαι πρὸς αὐτόν. ἀλλ' οὐ νοῶ τὰ γεγραμμένα· ζητῶ οὖν τὸν ἐξηγούμενον. καὶ μέχρι τούτων οὔπω σεμνὸν οὐδέν. ὅταν δὲ εὕρω τὸν ἐξηγούμενον, ἀπολείπεται χρῆσθαι τοῖς παρηγγελμένοις· τοῦτο αὐτὸ μόνον σεμνόν ἐστιν. ἂν δὲ αὐτὸ τοῦτο τὸ ἐξηγεῖσθαι θαυμάσω, τί ἄλλο ἢ γραμματικὸς ἀπετελέσθην ἀντὶ φιλοσόφου;

vor sie wieder vollständig abgeheilt sind. Er hat jede Begierde aus seinem Herzen verbannt und richtet seine Abneigungen nur auf die von Natur aus unerfreulichen Dinge, die uns obliegen. Er ist entspannt im Hinblick auf seinen Antrieb. Er sorgt sich nicht, weil er vielleicht einfältig oder unwissend erscheinen könnte. Mit einem Wort, er hält sich selbst im Blick, als sei er selbst sein größter Feind, der einen Hinterhalt plant.

49. Wann immer Menschen voller Stolz behaupten, die Bücher des *Chrysipp verstehen und erklären zu können, dann sage dir: »Wenn Chrysipp nicht schwer verständlich geschrieben hätte, hätten sie nichts, worauf sie stolz sein könnten.« Was also willst du für dich selbst? Ich will die Natur verstehen und ihr folgen. Also suche ich nach jemandem, der die Natur für mich deutet, und da ich gehört habe, dass Chrysipp das tun kann, wende ich mich an ihn. Aber ich verstehe seine Schriften nicht, also suche ich nach einem Deuter *seiner Schriften*. Bis hierhin gibt es nichts, worauf ich stolz sein könnte. Nachdem ich einen Deuter gefunden habe, muss ich seine Prinzipien immer noch in die

πλήν γε δὴ ὅτι ἀντὶ Ὁμήρου Χρύσιππον ἐξηγούμενος. μᾶλλον οὖν, ὅταν τις εἴπῃ μοι "ἐπανάγνωθί μοι Χρύσιππον," ἐρυθριῶ, ὅταν μὴ δύνωμαι ὅμοια τὰ ἔργα καὶ σύμφωνα ἐπιδεικνύειν τοῖς λόγοις.

50. Ὅσα προτίθεται, τούτοις ὡς νόμοις, ὡς ἀσεβήσων, ἂν παραβῇς, ἔμμενε. ὅ τι δ' ἂν ἐρῇ τις περὶ σοῦ, μὴ ἐπιστρέφου· τοῦτο γὰρ οὐκ ἔτ' ἐστὶ σόν.

51. Εἰς ποῖον ἔτι χρόνον ἀναβάλλῃ τὸ τῶν βελτίστων ἀξιοῦν σεαυτὸν καὶ ἐν μηδενὶ παραβαίνειν τὸν διαιροῦντα λόγον; παρείληφας τὰ θεωρήματα, οἷς ἔδει σε συμβάλλειν, καὶ συμβέβληκας. ποῖον οὖν ἔτι διδάσκαλον προσδοκᾷς, ἵνα εἰς ἐκεῖνον ὑπερθῇ τὴν ἐπανόρθωσιν ποιῆσαι τὴν σεαυτοῦ; οὐκ ἔτι εἶ μειράκιον, ἀλλὰ ἀνὴρ ἤδη τέλειος. ἂν νῦν ἀμελήσῃς καὶ ῥαθυμήσῃς

Praxis überführen – und das ist das Einzige, worauf ich stolz sein könnte. Aber wenn das, was mich beeindruckt, nur die Deutung selbst ist, dann bin ich am Ende nicht mehr als ein literarisch Gebildeter und kein Philosoph, nur dass ich anstelle von Homer jetzt Chrysipp interpretiere. Wenn man mich also jetzt bittet, Chrysipp zu erklären, brüste ich mich nicht, sondern erröte aufgrund meiner Unfähigkeit, mich so zu verhalten, wie es seinen Worten entspräche.

50. Halte in allem daran fest wie an Gesetzen, deren Übertretung ein schweres Vergehen wäre. Und was alles andere angeht, das die Menschen über dich sagen, ignoriere es, denn es gehört nicht zu dir.

51. Wie lang willst du noch warten, bis du dich des Besten für würdig hältst und die Vernunft zum entscheidenden Verhaltensmaßstab machst? Du hast nun die Prinzipien empfangen, denen du zustimmen musst, und du hast ihnen zugestimmt. Auf was für einen Lehrer wartest du also noch, um ihm deine Selbstvervollkommnung anzuvertrauen? Du bist kein kleiner Junge mehr, sondern bereits ein

καὶ ἀεὶ προθέσεις ἐκ προθέσεως ποιῇ καὶ ἡμέρας ἄλλας ἐπ' ἄλλαις ὁρίζῃς, μεθ' ἃς προσέξεις σεαυτῷ, λήσεις σεαυτὸν οὐ προκόψας, ἀλλ' ἰδιώτης διατελέσεις καὶ ζῶν καὶ ἀποθνήσκων. ἤδη οὖν ἀξίωσον σεαυτὸν βιοῦν ὡς τέλειον καὶ προκόπτοντα· καὶ πᾶν τὸ βέλτιστον φαινόμενον ἔστω σοι νόμος ἀπαράβατος. κἂν ἐπίπονόν τι ἢ ἡδὺ ἢ ἔνδοξον ἢ ἄδοξον προσάγηται, μέμνησο, ὅτι νῦν ὁ ἀγὼν καὶ ἤδη πάρεστι τὰ Ὀλύμπια καὶ οὐκ ἔστιν ἀναβάλλεσθαι οὐκέτι καὶ ὅτι παρὰ μίαν ἡμέραν καὶ ἓν πρᾶγμα καὶ ἀπόλλυται προκοπὴ καὶ σῴζεται. Σωκράτης οὕτως ἀπετελέσθη, ἐπὶ πάντων τῶν προσαγομένων αὐτῷ μηδενὶ ἄλλῳ προσέχων ἢ τῷ λόγῳ. σὺ δὲ εἰ καὶ μήπω εἶ Σωκράτης, ὡς Σωκράτης γε εἶναι βουλόμενος ὀφείλεις βιοῦν.

erwachsener Mann. Wenn du jetzt nachlässig und faul bist und alles immer weiter aufschiebst, um dich erst übermorgen oder überübermorgen mit deiner sittlichen Besserung zu befassen, so wirst du nicht erkennen, dass du nicht nur keinen Fortschritt machst, sondern dein ganzes Leben bis zu deinem Tod als gewöhnlicher Mensch verbringst. Führe dir also jetzt vor Augen, dass du es wert bist, als Erwachsener zu leben und persönlichen Fortschritt zu machen; habe immer nur das Beste im Blick, das dir die Regel sein muss, die du niemals brichst. Und ob du Schmerzen oder Freuden, Schönes oder Unschönes erlebst, denke immer daran, dass der Kampf jetzt stattfindet. Genau jetzt und hier finden die Olympischen Spiele statt, Aufschub und Verzögerung sind keine Option mehr, und dein Fortschritt kann durch einen einzigen Tag und eine einzelne Handlung gerettet oder ins Verderben gestürzt werden. Genauso hat Sokrates sich selbst vervollkommnet, indem er die Vernunft zum entscheidenden Prinzip in allem machte. Und auch wenn du selbst nicht Sokrates bist,

52. Ὁ πρῶτος καὶ ἀναγκαιότατος τόπος ἐστὶν ἐν φιλοσοφίᾳ ὁ τῆς χρήσεως τῶν θεωρημάτων, οἷον τὸ μὴ ψεύδεσθαι· ὁ δεύτερος ὁ τῶν ἀποδείξεων, οἷον πόθεν ὅτι οὐ δεῖ ψεύδεσθαι; τρίτος ὁ αὐτῶν τούτων βεβαιωτικὸς καὶ διαρθρωτικός, οἷον πόθεν ὅτι τοῦτο ἀπόδειξις; τί γάρ ἐστιν ἀπόδειξις, τί ἀκολουθία, τί μάχη, τί ἀληθές, τί ψεῦδος; οὐκοῦν ὁ μὲν τρίτος τόπος ἀναγκαῖος διὰ τὸν δεύτερον, ὁ δὲ δεύτερος διὰ τὸν πρῶτον· ὁ δὲ ἀναγκαιότατος καὶ ὅπου ἀναπαύεσθαι δεῖ, ὁ πρῶτος. ἡμεῖς δὲ ἔμπαλιν ποιοῦμεν· ἐν γὰρ τῷ τρίτῳ τόπῳ διατρίβομεν καὶ περὶ ἐκεῖνόν ἐστιν ἡμῖν ἡ πᾶσα σπουδή· τοῦ δὲ πρώτου παντελῶς ἀμελοῦμεν. τοιγαροῦν ψευδόμεθα μέν, πῶς δὲ ἀποδείκνυται ὅτι οὐ δεῖ ψεύδεσθαι, πρόχειρον ἔχομεν.

sollte st du leben wie jemand, der irgendwann einmal ein Sokrates werden will.

52. Der erste und notwendigste Bereich der Philosophie ist die Anwendung der Prinzipien, wie zum Beispiel nicht zu lügen. Der zweite Bereich umfasst die Beweise, wie zum Beispiel die Gründe für das Prinzip, nicht lügen zu dürfen. Als Drittes kommt das Feld, das die Beweise bestätigt und unter die Lupe nimmt. Man überprüft, was einen Beweis überhaupt erst zum Beweis macht, was ein Beweis als solcher ist und was Beweiskraft, Widerspruch, Wahrheit und Falschheit sind. Das dritte Feld ist also notwendig wegen des zweiten und das zweite wegen des ersten. Aber das Erste ist das Notwendigste und das, auf das wir uns vornehmlich konzentrieren sollten. Im Alltag jedoch tun wir tatsächlich genau das Gegenteil. Wir verbringen viel zu viel Zeit im dritten Bereich, konzentrieren uns mit Begeisterung darauf und vernachlässigen Nummer eins komplett. Demzufolge lügen wir, obwohl wir durchaus in der Lage sind zu beweisen, dass man nicht lügen darf.

53. Ἐπὶ παντὸς πρόχειρα ἑκτέον ταῦτα·

Ἄγου δέ μ', ὦ Ζεῦ, καὶ σύ γ' ἡ Πεπρωμένη,
ὅποι ποθ' ὑμῖν εἰμὶ διατεταγμένος·
ὡς ἕψομαί γ' ἄοκνος· ἢν δέ γε μὴ θέλω,
κακὸς γενόμενος, οὐδὲν ἧττον ἕψομαι.

" Ὅστις δ' ἀνάγκῃ συγκεχώρηκεν καλῶς,
σοφὸς
παρ' ἡμῖν, καὶ τὰ θεῖ' ἐπίσταται."

" Ἀλλ', ὦ Κρίτων, εἰ ταύτῃ τοῖς θεοῖς φίλον, ταύτῃ γενέσθω."

" Ἐμὲ δὲ Ἄνυτος καὶ Μέλητος ἀποκτεῖναι μὲν δύνανται, βλάψαι δὲ οὔ."

53. Bei allem sollten wir die folgenden *Zitate im Kopf haben:

Führet mich, o Zeus und du, o Göttin des Schicksals,
zu jenem Ziel, das ihr mir bestimmt habt.
Ich werde euch ohne Zögern folgen. Und auch wenn ich einer schlechten Anwandlung folgen und mich weigern sollte, müsste ich dennoch folgen.

Wer sich der Notwendigkeit vornehm unterordnet,
den betrachten wir als weise und in göttliche Dinge eingeweiht.

Nun, Kriton, wenn es [mein Tod] den Göttern gefällt, dann sei es so.

Anytos und Meletos [Sokrates' Ankläger in Athen] können mich töten, aber sie können mir nicht schaden.

AUS DEN DISKURSEN

Dieser Teil dieses Bändchens ist eine Übersetzung von neun Auszügen dreier der vier noch existierenden Bücher von Epiktets *Lehrgesprächen*. Diese Bücher umfassen insgesamt fast einhundert Abschnitte, die sich im Umfang von etwa zwanzig Seiten eines modernen Buches bis hin zu weniger als einer einzigen Seite bewegen. Der längste Abschnitt, aus dem ich die Passagen mit den Nummern 3 und 4 hier zitiere, ist mit dem schlichten Titel *Über die Freiheit* versehen. Arrian oder ein späterer Herausgeber sind für den Titel verantwortlich. So passend wie der Titel, so allgegenwärtig ist das Thema in den *Lehrgesprächen*, ebenso wie im *Encheiridion*. Außerdem habe ich die Titel zu jedem der Exzerpte hier aufgeführt, um Epiktets mehrgleisigen Ansatz im Hinblick auf sein Lieblingsthema aufzuzeigen.

Bei meiner Auswahl verfolgte ich zwei Hauptziele: Zum einen wollte ich das *Enchei-*

ridion durch zusätzlichen philosophischen Inhalt ergänzen und zum zweiten dem Leser einen Geschmack für Epiktets Dialogstil vermitteln. Um Epiktet in aller Tiefe zu würdigen, sind die *Lehrgespräche* unentbehrlich, aber Arrian hat ebenfalls hervorragende Arbeit geleistet, indem er aus ihnen den kürzeren Leitfaden des *Encheiridion* zog. Diesen kleinen Klassiker können Sie überall mit hinnehmen, und wenn Sie mir ähnlich sind, werden Sie seine schlagkräftige Botschaft provokativ, erfrischend und sogar tröstlich finden.

1.12.8–23

ὁ δὲ παιδευόμενος ταύτην ὀφείλει τὴν ἐπιβολὴν ἔχων ἐλθεῖν ἐπὶ τὸ παιδεύεσθαι, "πῶς ἂν ἑποίμην ἐγὼ ἐν παντὶ τοῖς θεοῖς καὶ πῶς ἂν εὐαρεστοίην τῇ θείᾳ διοικήσει καὶ πῶς ἂν γενοίμην ἐλεύθερος;" ἐλεύθερος γάρ ἐστιν, ᾧ γίνεται πάντα κατὰ προαίρεσιν καὶ ὃν οὐδεὶς δύναται κωλῦσαι. τί οὖν; ἀπόνοιά ἐστιν ἡ ἐλευθερία; μὴ γένοιτο. μανία γὰρ καὶ ἐλευθερία εἰς ταὐτὸν οὐκ ἔρχεται. "ἀλλ' ἐγὼ θέλω πᾶν τὸ δοκοῦν μοι ἀποβαίνειν, κἂν ὁπωσοῦν δοκῇ." μαινόμενος εἶ, παραφρονεῖς. οὐκ οἶδας, ὅτι καλόν τι ἐλευθερία ἐστὶ καὶ ἀξιόλογον; τὸ δ' ὡς ἔτυχέν με βούλεσθαι τὰ ὡς ἔτυχεν δόξαντα γίνεσθαι, τοῦτο κινδυνεύει οὐ μόνον οὐκ εἶναι καλόν, ἀλλὰ καὶ πάντων αἴσχιστον εἶναι.

1. LERNEN, SICH ALLES ZU WÜNSCHEN, WAS EINTRIFFT

Der Mensch, dem Bildung zuteilwird, sollte sich diesen Prozess mit dem folgenden Ziel nähern:

Wie kann ich den Göttern in allen Belangen folgen, wie kann ich mit der göttlichen Führung zufrieden sein, und wie kann ich frei werden?

Nun, du bist frei, wenn nichts geschieht, das im Gegensatz zu deinem Willen steht, und wenn niemand dich behindern kann.

Was bedeutet das? Willst du mir damit sagen, dass Freiheit dem Wahnsinn gleichkommt?

Nein, natürlich nicht. Freiheit und Wahnsinn haben nichts miteinander gemein.

Aber ich will, dass all meine Wünsche erfüllt werden, so verrückt das auch scheinen mag.

Du bist wirklich verrückt, sogar wahnsinnig. Weißt du nicht, dass *Freiheit etwas Geläutertes und Wunderbares ist? So unbekümmert im Hinblick auf die eigenen Wünsche zu sein, dass man jede Laune erfüllt sehen will, ist gleichbedeutend mit dem Gegenteil von geläu-

πῶς γὰρ ἐπὶ γραμματικῶν ποιοῦμεν; βούλομαι γράφειν ὡς θέλω τὸ Δίωνος ὄνομα; οὔ· ἀλλὰ διδάσκομαι θέλειν, ὡς δεῖ γράφεσθαι. τί ἐπὶ μουσικῶν; ὡσαύτως. τί ἐν τῷ καθόλου, ὅπου τέχνη τις ἢ ἐπιστήμη ἐστίν; εἰ δὲ μή, οὐδενὸς ἦν ἄξιον τὸ ἐπίστασθαί τι, εἰ ταῖς ἑκάστων βουλήσεσι προσηρμόζετο. ἐνταῦθα οὖν μόνον ἐπὶ τοῦ μεγίστου καὶ κυριωτάτου, τῆς ἐλευθερίας, ὡς ἔτυχεν ἐφεῖταί μοι θέλειν; οὐδαμῶς, ἀλλὰ τὸ παιδεύεσθαι τοῦτ' ἔστι μανθάνειν ἕκαστα οὕτω θέλειν ὡς γίνεται. πῶς δὲ γίνεται; ὡς διέταξεν αὐτὰ ὁ διατάσσων. διέταξε δὲ θέρος εἶναι καὶ χειμῶνα καὶ φορὰν καὶ ἀφορίαν καὶ ἀρετὴν καὶ κακίαν καὶ πάσας τὰς τοιαύτας ἐναντιότητας ὑπὲρ συμφωνίας τῶν ὅλων ἡμῶν θ' ἑκάστῳ σῶμα καὶ μέρη τοῦ σώματος καὶ κτῆσιν καὶ κοινωνοὺς ἔδωκεν.

tert – in der Tat ist es zutiefst schändlich. Denk doch nur, wie wir im Fall des Alphabets vorgehen. Will ich denn den Namen »Dio« schreiben, wie immer ich will? Nein, man bringt mir bei, ihn so zu mögen, wie er geschrieben werden sollte. Und wie ist es in der Musik? Genauso. Und so ist es auch im Allgemeinen im Hinblick auf jegliche Fähigkeit oder Sachkenntnis. Wenn das Wissen jedermanns individuellen Launen angepasst würde, hätte es ja schließlich gar keinen Zweck, überhaupt irgendetwas zu lernen.

Ist es denn dann wenigstens hier, im Fall des größten und wichtigsten Dinges, der Freiheit, erlaubt, dass ich unbekümmert in meinen Wünschen bin?

Nein, auf diesem Gebiet ist es am allerwenigsten so! Denn Bildung bedeutet genau genommen zu lernen, dass alle einzelnen Dinge genau auf die Weise geschehen, wie sie geschehen. Und wie geschehen sie? Auf jene Weise, wie derjenige, der sie angeordnet hat, sie bestimmt hat. Er hat es so gefügt, dass es Sommer und Winter gibt, Fülle und Mangel, Tugend und Laster, und sämtliche Gegensätze,

Ταύτης οὖν τῆς διατάξεως μεμνημένους ἔρχεσθαι δεῖ ἐπὶ τὸ παιδεύεσθαι, οὐχ ἵν' ἀλλάξωμεν τὰς ὑποθέσεις (οὔτε γὰρ δίδοται ἡμῖν οὔτ' ἄμεινον), ἀλλ' ἵνα οὕτως ἐχόντων τῶν περὶ ἡμᾶς ὡς ἔχει καὶ πέφυκεν αὐτοὶ τὴν γνώμην τὴν αὑτῶν συνηρμοσμένην τοῖς γινομένοις ἔχωμεν. τί γάρ; ἐνδέχεται φυγεῖν ἀνθρώπους; καὶ πῶς οἷόν τε; ἀλλὰ συνόντας αὐτοῖς ἐκείνους ἀλλάξαι; καὶ τίς ἡμῖν δίδωσιν; τί οὖν ἀπολείπεται ἢ τίς εὑρίσκεται μηχανὴ πρὸς τὴν χρῆσιν αὐτῶν; τοιαύτη, δι' ἧς ἐκεῖνοι μὲν ποιήσουσι τὰ φαινόμενα αὐτοῖς, ἡμεῖς δ' οὐδὲν ἧττον κατὰ φύσιν ἕξομεν. σὺ δ' ἀταλαίπωρος εἶ καὶ δυσάρεστος κἂν μὲν μόνος ᾖς, ἐρημίαν καλεῖς τοῦτο, ἂν δὲ μετὰ ἀνθρώπων, ἐπιβούλους λέγεις καὶ λῃστάς, μέμφῃ δὲ καὶ γονεῖς τοὺς σεαυτοῦ καὶ τέκνα καὶ ἀδελφοὺς καὶ γείτονας. ἔδει δὲ μόνον μένοντα ἡσυχίαν καλεῖν αὐτὸ καὶ ἐλευθερίαν καὶ ὅμοιον τοῖς θεοῖς ἡγεῖσθαι αὑτόν, μετὰ πολλῶν δ' ὄντα μὴ ὄχλον καλεῖν μηδὲ θόρυβον μηδ' ἀηδίαν, ἀλλ' ἑορτὴν καὶ πανήγυριν καὶ οὕτως πάντα εὐαρέστως δέχεσθαι.

und zwar um der Harmonie des Universums willen. Und er hat jedem von uns einen Körper und Körperteile und Besitz und die Gesellschaft anderer Menschen gegeben.

Sind wir uns sodann dieses Arrangements bewusst, sollten wir nach Bildung streben, nicht um die Bedingungen zu ändern (denn das ist uns nicht gegeben und würde auch keine Besserung erbringen), sondern um – angesichts der Natur der uns umgebenden Dinge, so wie sie sind – unseren Geist in Einklang mit dem zu halten, was geschieht. Sprich also weiter.

Ist es möglich, den Menschen zu entkommen?

Wie sollte das möglich sein?

Aber ist es möglich, sie zu verändern, indem man ihnen Gesellschaft leistet?

Wer sollte uns diese Möglichkeit geben?

Welche Möglichkeiten haben wir also, und welche Hilfsmittel können wir im Umgang mit ihnen entwickeln?

Jene Art von Hilfsmitteln, wodurch sie das tun werden, was ihnen gut für sie selbst erscheint, während wir selbst ebenso sicher im

Τίς οὖν ἡ κόλασις τοῖς οὐ προσδεχομένοις; τὸ οὕτως ἔχειν ὡς ἔχουσιν. δυσαρεστεῖ τις τῷ μόνος εἶναι; ἔστω ἐν ἐρημίᾳ. δυσαρεστεῖ τις τοῖς γονεῦσιν; ἔστω κακὸς υἱὸς καὶ πενθείτω. δυσαρεστεῖ τοῖς τέκνοις; ἔστω κακὸς πατήρ. "βάλε αὐτὸν εἰς φυλακήν."

Einklang mit der Natur verbleiben. Doch du bist unglücklich und unzufrieden. Wenn du allein bist, nennst du das Isolation, aber wenn du in Gesellschaft bist, nennst du die Menschen Verschwörer oder Diebe. Du kritisierst sogar deine Eltern und Kinder und Brüder und Nachbarn. Aber wenn du allein bist, solltest du das Frieden und Freiheit nennen und dich mit den Göttern vergleichen. Und wenn du in Gesellschaft bist, solltest du nicht von einer Menge oder dem Pöbel und Widerwärtigkeit, sondern von einem Fest und einem Gelage sprechen und so alles mit Freuden akzeptieren.

Was also ist die Strafe für jene, die nicht akzeptieren?

So zu sein, wie sie sind.

Ein Mann ist nun einmal nicht gern allein.

Dann lass ihn isoliert sein.

Er mag seine Eltern nicht.

Dann lass ihn ein schlechter Sohn sein und sich beklagen.

Er mag seine Kinder nicht.

Dann lass ihn ein schlechter Vater sein.

Wirf ihn ins Gefängnis!

ποίαν φυλακήν; ὅπου νῦν ἐστιν. ἄκων γάρ ἐστιν· ὅπου δέ τις ἄκων ἐστίν, ἐκεῖνο φυλακὴ αὐτῷ ἐστιν. καθὸ καὶ Σωκράτης οὐκ ἦν ἐν φυλακῇ, ἑκὼν γὰρ ἦν.

2.1.21–4

Τίς οὖν τούτων τῶν δογμάτων καρπός; ὅνπερ δεῖ κάλλιστόν τ᾽ εἶναι καὶ πρεπωδέστατον τοῖς τῷ ὄντι παιδευομένοις, ἀταραξία ἀφοβία ἐλευθερία. οὐ γὰρ τοῖς πολλοῖς περὶ τούτων πιστευτέον, οἳ λέγουσιν μόνοις ἐξεῖναι παιδεύεσθαι τοῖς ἐλευθέροις, ἀλλὰ τοῖς φιλοσόφοις μᾶλλον, οἳ λέγουσι μόνους τοὺς παιδευθέντας ἐλευθέρους εἶναι.—Πῶς τοῦτο;— Οὕτως· νῦν ἄλλο τί ἐστιν ἐλευθερία ἢ τὸ ἐξεῖναι ὡς βουλόμεθα διεξάγειν; "οὐδέν." λέγετε δή μοι, ὦ ἄνθρωποι, βούλεσθε ζῆν ἁμαρτάνοντες; "οὐ βουλόμεθα." οὐδεὶς τοίνυν

In was für ein Gefängnis? Du meinst das, in dem er bereits ist. Denn er ist gegen seinen Willen dort, und wo immer jemand gegen seinen Willen ist, ist sein Gefängnis. Deshalb war Sokrates nicht im Gefängnis, denn er hat sich bereitwillig dorthin begeben.

2. FREIHEIT UND SEELISCHES LEID

Was ist die Frucht dieser [stoischen] Lehren?

Genau das, was das beste und passendste Ergebnis für Menschen sein muss, die wahrhaft gebildet sind – Gelassenheit, Furchtlosigkeit und Freiheit. Denn was diese Dinge angeht, dürfen wir den zahlreichen Menschen nicht glauben, die sagen, dass Bildung nur für die Freien erreichbar ist, sondern stattdessen den Philosophen, die sagen, dass nur die Gebildeten frei sind.

Was meinst du damit?

Nun, fragt euch doch einmal, was Freiheit in unseren heutigen Zeiten bedeutet; besteht sie nicht einfach nur in der Macht, so zu leben, wie wir wollen?

ἁμαρτάνων ἐλεύθερός ἐστιν. βούλεσθε ζῆν φοβούμενοι, βούλεσθε λυπούμενοι, βούλεσθε ταρασσόμενοι; "οὐδαμῶς." οὐδεὶς ἄρα οὔτε φοβούμενος οὔτε λυπούμενος οὔτε ταρασσόμενος ἐλεύθερός ἐστιν, ὅστις δ' ἀπήλλακται λυπῶν καὶ φόβων καὶ ταραχῶν, οὗτος τῇ αὐτῇ ὁδῷ καὶ τοῦ δουλεύειν ἀπήλλακται.

4.1.54–60

Δοκεῖ σοι μέγα τι εἶναι καὶ γενναῖον ἡ ἐλευθερία καὶ ἀξιόλογον;—Πῶς γὰρ οὔ;—Ἔστιν οὖν τυγχάνοντά τινος οὕτως μεγάλου καὶ ἀξιολόγου καὶ γενναίου ταπεινὸν εἶναι;—Οὐκ ἔστιν.—

Absolut.

Sagt mir also, ihr Leute, wollt ihr im Irrtum leben?

Nein.

Das stimmt; niemand ist frei, der in Irrtum lebt. Wollt Ihr in Furcht und Leid und Unruhe leben?

Gewiss nicht.

Denn niemand, der ängstlich, bekümmert oder unruhig ist, ist frei, aber der Mensch, der frei von Sorgen und Ängsten und Unruhe ist, wird durch diese Haltung aus der Sklaverei befreit.

3. FREIHEIT VON UNTERWÜRFIGKEIT

Haltet Ihr Freiheit für etwas Großartiges, Edles und Wertvolles?

Natürlich.

Ist es möglich, sich zu unterwerfen, wenn ihr solch ein großartiges, wertvolles und edles Gut erlangt habt?

Nein.

Ὅταν οὖν ἴδῃς τινὰ ὑποπεπτωκότα ἑτέρῳ ἢ κολακεύοντα παρὰ τὸ φαινόμενον αὐτῷ, λέγε καὶ τοῦτον θαρρῶν μὴ εἶναι ἐλεύθερον· καὶ μὴ μόνον, ἂν δειπναρίου ἕνεκα αὐτὸ ποιῇ, ἀλλὰ κἂν ἐπαρχίας ἕνεκα κἂν ὑπατείας. ἀλλ' ἐκείνους μὲν μικροδούλους λέγε τοὺς μικρῶν τινῶν ἕνεκα ταῦτα ποιοῦντας, τούτους δ', ὡς εἰσὶν ἄξιοι, μεγαλοδούλους.—Ἔστω καὶ ταῦτα.—Δοκεῖ δέ σοι ἡ ἐλευθερία αὐτεξούσιόν τι εἶναι καὶ αὐτόνομον;—Πῶς γὰρ οὔ;—Ὅντινα οὖν ἐπ' ἄλλῳ κωλῦσαι ἔστι καὶ ἀναγκάσαι, θαρρῶν λέγε μὴ εἶναι ἐλεύθερον. καὶ μή μοι πάππους αὐτοῦ καὶ προπάππους βλέπε καὶ ὠνὴν ζήτει καὶ πρᾶσιν, ἀλλ' ἂν ἀκούσῃς λέγοντος ἔσωθεν καὶ ἐκ πάθους "κύριε," κἂν δώδεκα ῥάβδοι προάγωσιν, λέγε δοῦλον· κἂν ἀκούσῃς λέγοντος "τάλας ἐγώ, οἷα πάσχω," λέγε δοῦλον· ἂν ἁπλῶς ἀποκλαιόμενον ἴδῃς, μεμφόμενον, δυσροοῦντα, λέγε δοῦλον περιπόρφυρον ἔχοντα. ἂν οὖν μηδὲν τούτων ποιῇ, μήπω εἴπῃς ἐλεύθερον, ἀλλὰ τὰ δόγματα αὐτοῦ κατάμαθε, μή

Wann immer ihr also jemanden seht, der vor einem anderen katzbuckelt oder ihm unaufrichtig schmeichelt, könnt ihr mit Gewissheit sagen, dass dieser Mann nicht frei ist, und das nicht nur, wenn er sich so verhält, um ein mageres Mahl zu ergattern, sondern sogar auch dann, wenn er auf einen Posten als Statthalter oder Konsul hofft. Nennt Menschen, die sich wegen Kleinigkeiten so verhalten, unbedeutende Sklaven, und nennt alle anderen Sklaven in großem Stil.

Da hast du wieder Recht.

Glaubt ihr nicht, dass Freiheit in unserer eigenen Hand liegt und selbstbestimmt ist?

Natürlich.

Also könnt ihr mit Gewissheit sagen, dass kein Mann frei ist, wenn jemand anders die Macht hat, ihn zu behindern oder zu nötigen. Schenkt bei euren Überlegungen seinem Familienstammbaum keine Beachtung und forscht auch nicht nach, ob er jemals gekauft oder verkauft wurde. Aber wenn ihr hört, wie er »Ja, Herr.« bei sich und mit Gefühl sagt, dann nennt ihn einen Sklaven, auch wenn ihm das Gefolge eines Konsuls vorangeht. Und wenn

τι ἀναγκαστά, μή τι κωλυτικά, μή τι δυσροητικά· κἂν εὕρῃς τοιοῦτον, λέγε δοῦλον ἀνοχὰς ἔχοντα ἐν Σατουρναλίοις· λέγε, ὅτι ὁ κύριος αὐτοῦ ἀποδημεῖ· εἶθ' ἥξει καὶ γνώσῃ οἷα πάσχει.

—Τίς ἥξει;—Πᾶς ὃς ἂν ἐξουσίαν ἔχῃ τῶν ὑπ' αὐτοῦ τινὸς θελομένων πρὸς τὸ περιποιῆσαι ταῦτα ἢ ἀφελέσθαι.—Οὕτως οὖν πολλοὺς κυρίους ἔχομεν;—Οὕτως. τὰ γὰρ πράγματα προτέρους τούτων κυρίους ἔχομεν· ἐκεῖνα δὲ πολλά ἐστιν. διὰ ταῦτα ἀνάγκη καὶ τοὺς τούτων τινὸς ἔχοντας ἐξουσίαν κυρίους εἶναι· ἐπεί τοι οὐδεὶς αὐτὸν τὸν Καίσαρα φοβεῖται, ἀλλὰ θάνατον, φυγήν, ἀφαίρεσιν τῶν ὄντων, φυλακήν, ἀτιμίαν. οὐδὲ φιλεῖ τις τὸν Καίσαρα, ἂν μή τι ᾖ πολλοῦ ἄξιος, ἀλλὰ πλοῦτον φιλοῦμεν, δημαρχίαν, στρατηγίαν, ὑπατείαν. ὅταν ταῦτα φιλῶμεν καὶ μισῶμεν καὶ φοβώμεθα, ἀνάγκη τοὺς ἐξουσίαν αὐτῶν ἔχοντας κυρίους ἡμῶν εἶναι.

ihr ihn sagen hört: »Ich Unglücklicher, weil ich so leide«, nennt ihn einen Sklaven. Kurz, wenn ihr ihn jammernd, klagend und unglücklich erlebt, nennt ihn einen Sklaven in kostbarem Gewand. Wenn er jedoch nichts von alldem tut, nennt ihn frei. Aber überprüft seine Ansichten, um zu sehen, ob sie in irgendeiner Weise Zwang, Behinderung oder Unglück unterlegen sind, und wenn ihr feststellt, dass er so denkt, dann nennt ihn einen Sklaven, der angesichts der *Saturnalien einen Feiertag erlebt und sagt, dass sein Herr einfach kurz fort ist. Er wird bald wiederkommen, und dann werdet ihr die Natur der Leiden dieses Mannes kennenlernen.

Wer wird wiederkommen?

Jeder, der über etwas zu gebieten vermag, das dieser Mann sich wünscht, der es ihm entweder geben oder wegnehmen kann.

Haben wir denn so viele Herren?

Oh ja! Noch vor den Menschen haben wir Herren in Form der Umstände, und davon gibt es viele. Aus diesem Grund ist jeder, der einen unserer Lebensumstände zu verändern vermag, unweigerlich unser Herr. Wisst ihr, die Men-

4.1.64–80

Τὸν ἐφιέμενόν τινος τῶν ἐπ' ἄλλοις ὄντων ἐνδέχεται ἀκώλυτον εἶναι;—Οὔ.—Ἐνδέχεται ἀπαραπόδιστον;—Οὔ.—Οὐκοῦν οὐδ' ἐλεύθερον. ὅρα οὖν· πότερον οὐδὲν ἔχομεν, ὃ ἐφ' ἡμῖν μόνοις ἐστίν, ἢ πάντα, ἢ τὰ μὲν ἐφ' ἡμῖν ἐστίν, τὰ δ' ἐπ' ἄλλοις;—Πῶς λέγεις;—Τὸ σῶμα ὅταν θέλῃς ὁλόκληρον εἶναι, ἐπὶ σοί ἐστιν ἢ οὔ;—Οὐκ ἐπ' ἐμοί.—Ὅταν δ' ὑγιαίνειν;—

schen fürchten nicht Caesar selbst; sie fürchten den Tod, die Verbannung, die Konfiszierung ihres Besitzes, das Gefängnis, den Verlust ihrer Bürgerrechte. Gleichfalls liebt niemand Caesar an sich, sondern nur in seiner Eigenschaft als herausragende Persönlichkeit; was wir lieben, sind Wohlstand und eine bedeutsame Stellung in der Regierung oder beim Militär. Wenn dies die Dinge sind, die wir lieben und hassen und fürchten, folgt daraus, dass jene, die über sie gebieten, unsere Herren sind.

4. FREIHEIT ZUR ZUSTIMMUNG OHNE HEMMNIS

Ist es für jemanden, der sich eines der Dinge wünscht, die anderen obliegen, möglich, ungehindert zu leben?

Nein.

Ist es möglich für ihn, ohne Zwang zu sein?

Nein.

Deshalb können sie ebenfalls nicht frei sein. Denke also nach: Haben wir nichts, das aus-

Οὐδὲ τοῦτο.—Ὅταν δὲ καλὸν εἶναι;—Οὐδὲ τοῦτο.—Ζῆν δὲ καὶ ἀποθανεῖν;—Οὐδὲ τοῦτο.—Οὐκοῦν τὸ μὲν σῶμα ἀλλότριον, ὑπεύθυνον παντὸς τοῦ ἰσχυροτέρου.—Ἔστω.—Τὸν ἀγρὸν δ' ἐπὶ σοί ἐστιν ἔχειν, ὅταν θέλῃς καὶ ἐφ' ὅσον θέλεις καὶ οἷον θέλεις;—Οὔ.—

schließlich uns selbst obliegt, oder obliegt uns alles, oder gibt es einige Dinge, die uns obliegen und wiederum andere, die anderen obliegen?

Wie meinst du das?

Wenn du dir wünschst, dass dein Körper vollkommen intakt ist, obliegt dir das oder nicht?

Es obliegt mir nicht.

Und wenn du dir wünschst, dass er gesund ist?

Auch das nicht.

Und wenn du dir wünschst, gut auszusehen?

Wieder nein.

Und ob du lebst oder stirbst?

Auch das nicht.

Deshalb ist dein Körper nicht dein Eigentum. Er ist abhängig von allem, das stärker ist als er selbst.

Zugegeben.

Und obliegt es dir, Land zu haben, wann immer du willst, solange du willst und zu den Bedingungen, die du dir wünschst?

Nein.

Τὰ δὲ δουλάρια;—Οὔ.—Τὰ δ' ἱμάτια;—Οὔ.—Τὸ δὲ οἰκίδιον;—Οὔ.—Τοὺς δ' ἵππους;—Τούτων μὲν οὐδέν.—Ἂν δὲ τὰ τέκνα σου ζῆν θέλῃς ἐξ ἅπαντος ἢ τὴν γυναῖκα ἢ τὸν ἀδελφὸν ἢ τοὺς φίλους, ἐπὶ σοί ἐστιν;—Οὐδὲ ταῦτα. Πότερον οὖν οὐδὲν ἔχεις αὐτεξούσιον, ὃ ἐπὶ μόνῳ ἐστὶ σοί, ἢ ἔχεις τι τοιοῦτον;—Οὐκ οἶδα. —Ὅρα οὖν οὕτως καὶ σκέψαι αὐτό. μή τις δύναταί σε ποιῆσαι συγκαταθέσθαι τῷ ψεύδει;—Οὐδείς.—Οὐκοῦν ἐν μὲν τῷ συγκαταθετικῷ τόπῳ ἀκώλυτος εἶ καὶ ἀνεμπόδιστος.—Ἔστω.—Ἄγε, ὁρμῆσαι δέ σε ἐφ' ὃ μὴ θέλεις τις δύναται ἀναγκάσαι;—Δύναται. ὅταν γάρ μοι θάνατον ἢ δεσμὰ ἀπειλῇ, ἀναγκάζει μ' ὁρμῆσαι.—Ἂν οὖν καταφρονῇς τοῦ ἀποθανεῖν καὶ τοῦ δεδέσθαι, ἔτι αὐτοῦ ἐπιστρέφῃ;—

Und wie steht es im Fall von Sklaven, Kleidung, Haus und Pferden?

Auch das obliegt mir nicht.

Und wenn du dir mehr als alles andere wünschst, dass deine Kinder leben oder deine Frau, dein Bruder oder deine Freunde, obliegt dir das?

Nein.

Hast du also nichts, über das du selbst bestimmen kannst, das ausschließlich dir selbst obliegt, oder hast du so etwas doch?

Ich weiß es nicht.

Nun, betrachte es einmal folgendermaßen und denke darüber nach. Kann irgendjemand dich dazu bringen, etwas Unwahrem zuzustimmen?

Das kann niemand.

Was deine Zustimmung also angeht, bist du ungehindert und ohne Zwang.

Zugegeben.

Fahren wir fort: Kann dich jemand zwingen, eine Motivation für etwas zu haben, das du nicht willst?

Οὔ.—Σὸν οὖν ἐστὶν ἔργον τὸ καταφρονεῖν θανάτου ἢ οὐ σόν ; —Ἐμόν.—Σὸν ἄρα ἐστὶ καὶ τὸ ὁρμῆσαι ἢ οὔ ;—Ἔστω ἐμόν.—Τὸ δ' ἀφορμῆσαι τίνος ; σὸν καὶ τοῦτο.—Τί οὖν, ἂν ἐμοῦ ὁρμήσαντος περιπατῆσαι ἐκεῖνός με κωλύσῃ ;—Τί σου κωλύσει ; μή τι τὴν συγκατάθεσιν ;—Οὔ· ἀλλὰ τὸ σωμάτιον.—Ναί, ὡς λίθον.—Ἔστω· ἀλλ' οὐκέτι ἐγὼ περιπατῶ.—Τίς δέ σοι εἶπεν " τὸ περιπατῆσαι σὸν ἔργον ἐστὶν ἀκώλυτον"; ἐγὼ γὰρ ἐκεῖνο ἔλεγον ἀκώλυτον μόνον τὸ ὁρμῆσαι· ὅπου δὲ σώματος χρεία καὶ τῆς ἐκ τούτου συνεργείας, πάλαι ἀκήκοας, ὅτι οὐδέν ἐστι σόν.—Ἔστω καὶ ταῦτα.—Ὀρέγεσθαι δέ σε οὗ μὴ θέλεις τις ἀναγκάσαι δύναται;—Οὐδείς.—Προθέσθαι δ' ἢ ἐπιβαλέσθαι τις ἢ ἁπλῶς χρῆσθαι ταῖς προσπιπτούσαις φαντασίαις;—Οὐδὲ τοῦτο· ἀλλὰ ὀρεγόμενόν με κωλύσει τυχεῖν οὗ ὀρέγομαι.—Ἂν τῶν σῶν τινὸς ὀρέγῃ καὶ τῶν ἀκωλύτων, πῶς σε κωλύσει;—

Doch, das ist möglich. Wenn man mich mit dem Tod oder Gefangenschaft bedroht, so gibt mir dieser Zwang eine solche Motivation.

Stell dir aber vor, dass du für den Tod oder die Gefangenschaft nur Verachtung empfindest; würdest du ihnen immer noch Aufmerksamkeit schenken?

Nein.

Ist die Verachtung für den Tod dann deine Entscheidung oder obliegt sie dir nicht?

Sie obliegt mir.

Motiviert zu sein, ist also ebenfalls deine eigene Entscheidung. Oder?

Das gebe ich zu.

Und die Abneigung? Die gehört ebenfalls dir.

Was, wenn ich einen Spaziergang machen möchte, und ein anderer Mensch hindert mich daran?

Welchen Teil deiner selbst hindert er denn? Sicherlich nicht deine Zustimmung?

Nein, aber meinen armen Körper.

Ja, wie er einen Stein behindern würde.

Οὐδαμῶς.—Τίς οὖν σοι λέγει, ὅτι ὁ τῶν ἀλλοτρίων ὀρεγόμενος ἀκώλυτός ἐστιν;

Ὑγείας οὖν μὴ ὀρέγωμαι;—Μηδαμῶς, μηδ' ἄλλου ἀλλοτρίου μηδενός. ὃ γὰρ οὐκ ἔστιν ἐπὶ σοὶ παρασκευάσαι ἢ τηρῆσαι ὅτε θέλεις, τοῦτο ἀλλότριόν ἐστιν. μακρὰν ἀπ' αὐτοῦ οὐ μόνον τὰς χεῖρας, ἀλλὰ πολὺ πρότερον τὴν ὄρεξιν· εἰ δὲ μή, παρέδωκας σαυτὸν δοῦλον, ὑπέθηκας τὸν τράχηλον, ὅ τι ἂν θαυμάσῃς τῶν μὴ σῶν, ᾧ τινι ἂν τῶν ὑπευθύνων καὶ θνητῶν προσπαθῇς. —Ἡ χεὶρ οὐκ ἔστιν ἐμή;—Μέρος ἐστὶ σόν, φύσει δὲ πηλός, κωλυτόν, ἀναγκαστόν, δοῦλον παντὸς τοῦ ἰσχυροτέρου. καὶ τί σοι λέγω χεῖρα; ὅλον τὸ σῶμα οὕτως ἔχειν σε δεῖ ὡς ὀνάριον ἐπισεσαγμένον, ἐφ' ὅσον ἂν οἷόν τε ᾖ, ἐφ' ὅσον ἂν διδῶται· ἂν δ' ἀγγαρεία ᾖ καὶ στρατιώτης ἐπιλάβηται, ἄφες, μὴ ἀντίτεινε μηδὲ γόγγυζε. εἰ δὲ μή, πληγὰς λαβὼν οὐδὲν ἧττον ἀπολεῖς καὶ τὸ ὀνάριον. ὅταν δὲ πρὸς τὸ σῶμα οὕτως ἔχειν σε δέῃ, ὅρα, τί ἀπολείπεται περὶ τὰ ἄλλα, ὅσα τοῦ σώματος ἕνεκα παρασκευάζεται. ὅταν ἐκεῖνο ὀνάριον ᾖ, τἆλλα γίνεται χαλινάρια τοῦ ὀναρίου, σαγμάτια, ὑποδημάτια, κριθαί,

Nehmen wir an, es ist so, aber Fakt ist doch, dass ich meinen Spaziergang nicht machen kann.

Und wer hat dir je gesagt: »Es obliegt dir, ungehindert spazieren zu gehen?« Ich sage dir nur eines: Das einzig Ungehinderte ist deine Motivation. Sobald die Notwendigkeit besteht, dass der Körper beteiligt ist, ist die Situation nicht mehr dein eigen.

Auch das gebe ich zu.

Kann dich jemand dazu zwingen, etwas zu begehren, das du nicht willst?

Niemand kann das.

Kann irgendjemand Zwang über deine Absichten und Projekte ausüben oder, um es allgemeiner zu formulieren, kann irgendjemand die Art und Weise beeinflussen, wie du mit den Eindrücken umgehst, die du erlebst?

Das auch nicht; aber wenn ich etwas begehre, dann können mich andere daran hindern, das zu bekommen, was ich mir wünsche.

Aber wie können sie dich daran hindern, wenn du eines der Dinge begehrst, die dir gehören und nicht behindert werden können?

χόρτος. ἄφες κἀκεῖνα, ἀπόλυε θᾶττον καὶ εὐκολώτερον ἢ τὸ ὀνάριον.

Überhaupt nicht.

Wer sagt dir also, dass du von Behinderungen frei sein kannst, wenn du Dinge begehrst, die dir nicht obliegen?

Soll ich mir also keine Gesundheit wünschen?

Ganz sicher nicht, und auch sonst nichts, das dir nicht gehört, denn nichts gehört dir, das dir nicht obliegt, dass du dir nicht beschaffen oder sicherstellen kannst, wann immer du es willst. Lass die Hände davon, aber vor allem achte darauf, nichts dergleichen zu verlangen. Du machst dich zum Sklaven und unterwirfst deinen Hals dem Joch, wenn du dauernd bewunderst, was nicht dir gehört und starke Gefühle für Dinge hegst, die von anderen abhängen und vergänglich sind.

Gehört meine Hand denn nicht mir?

Sie ist ein Teil von dir, aber von Natur aus ist sie wie formbarer Lehm, ist Behinderung und Zwang unterworfen, ein Sklave all dessen, was stärker ist. Und warum erwähne ich dir gegenüber deine Hand? Du solltest deinen gesamten Körper behandeln wie einen überladenen

4.5.27–32

πάντα πανταχοῦ θνητά, εὐάλωτα, οἷς τισιν τὸν ὁπωσοῦν προσέχοντα πᾶσα ἀνάγκη ταράσσεσθαι, κακελπιστεῖν, φοβεῖσθαι, πενθεῖν, ἀτελεῖς ἔχειν τὰς ὀρέξεις, περιπτωτικὰς ἔχειν τὰς ἐκκλίσεις.

Esel, und zwar nur so lang es dir möglich und gestattet ist. Aber wenn er in andere Dienste gezwungen wird oder von einem Soldaten ergriffen wird, dann lass ihn los, leiste keinen Widerstand und murre nicht. Wenn du es tust, bekommst du Schläge und verlierst deinen kleinen Esel trotzdem. Da dies die Haltung ist, die du deinem Körper gegenüber an den Tag legen musst, überlege dir auch, wie du mit den Dingen umgehen solltest, die du für den Körper bekommst. Da der Körper ein kleiner Esel ist, verwandelt sich alles andere in Zaumzeug, Sattel, Hufe, Gerste und Heu für den Esel. Lass auch sie los. Gib sie sogar noch schneller und leichter auf als den Esel selbst.

5. ZU WISSEN, WAS MAN WOLLEN SOLLTE

Alles ist überall vergänglich und verletzlich. Wenn du dich auch nur ein bisschen an irgendetwas hängst, wirst du unweigerlich irgendwann traurig und mutlos sein, leichte Beute für Angst

εἶτα οὐ θέλομεν τὴν μόνην δεδομένην ἡμῖν ἀσφάλειαν ἐχυρὰν ποιεῖν; οὐδ' ἀποστάντες τῶν θνητῶν καὶ δούλων τὰ ἀθάνατα καὶ φύσει ἐλεύθερα ἐκπονεῖν; οὐδὲ μεμνήμεθα, ὅτι οὔτε βλάπτει ἄλλος ἄλλον οὔτε ὠφελεῖ, ἀλλὰ τὸ περὶ ἑκάστου τούτων δόγμα, τοῦτό ἐστι τὸ βλάπτον, τοῦτο τὸ ἀνατρέπον, τοῦτο μάχη, τοῦτο στάσις, τοῦτο πόλεμος; Ἐτεοκλέα καὶ Πολυνείκη τὸ πεποιηκὸς οὐκ ἄλλο ἢ τοῦτο, τὸ δόγμα τὸ περὶ τυραννίδος, τὸ δόγμα τὸ περὶ φυγῆς, ὅτι τὸ μὲν ἔσχατον τῶν κακῶν, τὸ δὲ μέγιστον τῶν ἀγαθῶν. φύσις δ' αὕτη παντός, τὸ διώκειν τὸ ἀγαθόν, φεύγειν τὸ κακόν· τὸν ἀφαιρούμενον θατέρου καὶ περιβάλλοντα τῷ ἐναντίῳ, τοῦτον ἡγεῖσθαι πολέμιον, ἐπίβουλον, κἂν ἀδελφὸς ᾖ, κἂν υἱός, κἂν πατήρ· τοῦ γὰρ ἀγαθοῦ συγγενέστερον οὐδέν. λοιπὸν εἰ ταῦτα ἀγαθὰ καὶ κακά, οὔτε πατὴρ υἱοῖς φίλος οὔτ' ἀδελφὸς ἀδελφῷ, πάντα δὲ πανταχοῦ μεστὰ πολεμίων, ἐπιβούλων, συκοφαντῶν. εἰ δ' οἵα δεῖ προαίρεσις, τοῦτο μόνον ἀγαθόν ἐστιν, καὶ οἵα

und Kummer. Du wirst Wünsche haben, die unerfüllt bleiben und Abneigungen, die dich mit voller Wucht treffen. Sind wir denn nicht schon deshalb bereit, uns das einzig Sichere, das uns gewährt wurde, zu bewahren – indem wir die vergänglichen und sklavischen Dinge aufgeben und an jenen arbeiten, die unvergänglich und von Natur aus frei sind? Erinnern wir uns schon deshalb daran, dass niemand einen anderen verletzen oder ihm nutzen kann, sondern dass die Ursache all dieser Dinge ein Urteil ist. Letztlich ist es nur das, was uns schadet und zum Schiffbruch führt, es ist das, was Kampf, was Streit, was Krieg bedeutet.

Was *Eteokles und Polyneikes zu Todfeinden machte, war schlicht und ergreifend nur das eine – ihr Urteil in Bezug auf die Königswürde und ihr Urteil in Bezug auf die Verbannung. Letzteres war ihrem Urteil zufolge das Schlimmste aller schlechten Dinge und Ersteres das höchste aller Güter. Dies ist die Natur eines jeden, das Gute zu verfolgen und das Schlechte zu meiden, und eine Person, die uns des einen beraubt und das andere über uns bringt, als

μὴ δεῖ, τοῦτο μόνον κακόν, ποῦ ἔτι μάχη, ποῦ λοιδορία ; περὶ τίνων ; περὶ τῶν οὐδὲν πρὸς ἡμᾶς; πρὸς τίνας ; πρὸς τοὺς ἀγνοοῦντας, πρὸς τοὺς δυστυχοῦντας, πρὸς τοὺς ἠπατημένους περὶ τῶν μεγίστων;

1.17.21–28

Ἄνθρωπε, προαίρεσιν ἔχεις ἀκώλυτον φύσει καὶ ἀνανάγκαστον . . .

δείξω σοι αὐτὸ πρῶτον ἐπὶ τοῦ συγκαταθετικοῦ τόπου. μή τίς σε κωλῦσαι

Feind und Intrigant zu betrachten, selbst wenn es sich um einen Bruder oder einen Sohn oder einen Vater handelt; denn nichts ist enger mit uns verbunden als das Gute.

Wenn diese Dinge aber gut und schlecht sind, ist kein Vater seinen Söhnen und kein Bruder dem anderen teuer, sondern alles ist voller Feinde, Verschwörer und Denunzianten. Aber wenn der rechte Wille das einzig Gute ist und der falsche Wille das einzig Schlechte, welchen Raum hat dann noch der Kampf, welchen Raum hat dann noch Beleidigung? Weswegen? Wegen Dingen, die uns nichts bedeuten? Gegen wen? Gegen den Unwissenden, gegen den Unglücklichen, gegen Menschen, die um das betrogen wurden, was am meisten zählt?

6. FREIHEIT DES WILLENS

Sieh, mein Freund, du besitzt einen Willen, der von Natur aus ohne Zwang und ungehindert ist … Ich werde dir dies zunächst einmal in Bezug auf die Zustimmung beweisen. Kann ir-

δύναται ἐπινεῦσαι ἀληθεῖ; οὐδὲ εἷς. μή τίς σε ἀναγκάσαι δύναται παραδέξασθαι τὸ ψεῦδος; οὐδὲ εἷς. ὁρᾷς ὅτι ἐν τούτῳ τῷ τόπῳ τὸ προαιρετικὸν ἔχεις ἀκώλυτον ἀνανάγκαστον ἀπαραπόδιστον; ἄγε ἐπὶ δὲ τοῦ ὀρεκτικοῦ καὶ ὁρμητικοῦ ἄλλως ἔχει; καὶ τίς ὁρμὴν νικῆσαι δύναται ἢ ἄλλη ὁρμή; τίς δ' ὄρεξιν καὶ ἔκκλισιν ἢ ἄλλη ὄρεξις καὶ ἔκκλισις; "ἄν μοι," φησί, "προσάγῃ θανάτου φόβον, ἀναγκάζει με." οὐ τὸ προσαγόμενον, ἀλλ᾽ ὅτι δοκεῖ σοι κρεῖττον εἶναι ποιῆσαί τι τούτων ἢ ἀποθανεῖν. πάλιν οὖν τὸ σὸν δόγμα σε ἠνάγκασεν, τοῦτ᾽ ἔστι προαίρεσιν προαίρεσις. εἰ γὰρ τὸ ἴδιον μέρος, ὃ ἡμῖν ἔδωκεν ἀποσπάσας ὁ θεός, ὑπ' αὐτοῦ ἢ ὑπ' ἄλλου τινὸς κωλυτὸν ἢ ἀναγκαστὸν κατεσκευάκει, οὐκέτι ἂν ἦν θεὸς οὐδ ἐπεμελεῖτο ἡμῶν ὃν δεῖ τρόπον... ἐὰν θέλῃς, ἐλεύθερος εἶ· ἐὰν θέλῃς, μέμψῃ οὐδένα, ἐγκαλέσεις οὐδενί, πάντα κατὰ γνώμην ἔσται ἅμα τὴν σὴν καὶ τὴν τοῦ θεοῦ.

gendjemand dich daran hindern, einer Wahrheit zuzustimmen?

Niemand kann das.

Kann irgendjemand dich zwingen, das Falsche zu akzeptieren?

Niemand kann das.

Erkennst du also, dass du auf diesem Gebiet einen Willen hast, der ohne Zwang, ungehindert und unbeeinträchtigt ist? Und nun frage dich, ist das auf dem Gebiet des Wollens und des Antriebs oder der Motivation anders? Was kann einen Wunsch oder eine Abneigung überwinden außer ein anderer Wunsch oder eine andere Abneigung?

Doch wenn mich jemand mit der Angst vor dem Tod bedroht, dann zwingt er mich.

Was dich zwingt, ist nicht die Drohung, sondern deine Entscheidung, dass es besser ist, etwas anderes zu tun als zu sterben. Wieder einmal ist es also dein Urteil, das dich zwingt; mit anderen Worten, der Wille zwingt den Willen. Denn wenn Gott, indem er seinen besonderen Teil von sich selbst nahm und ihn uns gab, diesen so geschaffen hätte, dass er durch sich

1.6.12–21

Πολλὰ μὲν ἐπὶ μόνων, ὧν ἐξαιρέτως χρείαν εἶχεν τὸ λογικὸν ζῷον, πολλὰ δὲ κοινὰ εὑρήσεις ἡμῖν καὶ πρὸς τὰ ἄλογα. ἆρ' οὖν καὶ παρακολουθεῖ τοῖς γινομένοις ἐκεῖνα; οὐδαμῶς. ἄλλο γάρ ἐστι χρῆσις καὶ ἄλλο παρακολούθησις. ἐκείνων χρείαν εἶχεν ὁ θεὸς χρωμένων ταῖς φαντασίαις, ἡμῶν δὲ παρακολουθούντων τῇ χρήσει. διὰ τοῦτο ἐκείνοις μὲν ἀρκεῖ τὸ ἐσθίειν καὶ πίνειν καὶ τὸ ἀναπαύεσθαι καὶ ὀχεύειν καὶ τἆλλ' ὅσα ἐπιτελεῖ τῶν αὑτῶν ἕκαστον, ἡμῖν δ', οἷς καὶ τὴν παρακολουθητικὴν

selbst behindert oder gehemmt würde oder durch etwas anderes, wäre er nicht länger Gott oder würde sich nicht so um uns kümmern, wie er es sollte. Wenn du es willst, bist du frei; wenn du es willst, machst du niemanden verantwortlich, klagst niemanden an, und alles wird in Einklang mit deinem eigenen Urteil und mit dem Urteil Gottes sein.

7. DEN RICHTIGEN GEBRAUCH VON EINDRÜCKEN MACHEN

Wir sind mit so vielen Eigenschaften ausgestattet, die auf einzigartige Weise rationale Lebewesen kennzeichnen, aber du wirst feststellen, dass wir auch viele Eigenschaften mit den Tieren gemein haben, denen die Fähigkeit zu vernünftiger Überlegung fehlt.

Schenken auch sie dem, was geschieht, ihre Aufmerksamkeit?

Absolut nicht. »Benutzen« und »Aufmerksamkeit schenken« sind zwei vollkommen unterschiedliche Konzepte. Gott benötigte die an-

δύναμιν ἔδωκεν, οὐκέτι ταῦτ᾽ ἀπαρκεῖ, ἀλλ᾽ ἂν μὴ κατὰ τρόπον καὶ τεταγμένως καὶ ἀκολούθως τῇ ἑκάστου φύσει καὶ κατασκευῇ πράττωμεν, οὐκέτι τοῦ τέλους τευξόμεθα τοῦ ἑαυτῶν.

Ὧν γὰρ αἱ κατασκευαὶ διάφοροι, τούτων καὶ τὰ ἔργα καὶ τὰ τέλη. οὗ τοίνυν ἡ κατασκευὴ μόνον χρηστική, τούτῳ χρῆσθαι ὁπωσοῦν ἀπαρκεῖ· οὗ δὲ καὶ παρακολουθητικὴ τῇ χρήσει, τούτῳ τὸ κατὰ τρόπον ἂν μὴ προσῇ οὐδέποτε τεύξεται τοῦ τέλους.

Τί οὖν;

Ἐκείνων ἕκαστον κατασκευάζει τὸ μὲν ὥστ᾽ ἐσθίεσθαι, τὸ δ᾽ ὥστε ὑπηρετεῖν εἰς γεωργίαν, τὸ δ᾽ ὥστε τυρὸν φέρειν, τὸ δ᾽ ἄλλο ἐπ᾽ ἄλλῃ χρείᾳ παραπλησίῳ, πρὸς ἃ τίς χρεία τοῦ παρακολουθεῖν ταῖς φαντασίαις καὶ ταύτας διακρίνειν δύνασθαι; τὸν δ᾽ ἄνθρωπον θεατὴν εἰσήγαγεν αὐτοῦ τε καὶ τῶν ἔργων τῶν αὐτοῦ, καὶ οὐ μόνον θεατήν, ἀλλὰ καὶ ἐξηγητὴν αὐτῶν. διὰ τοῦτο αἰσχρόν ἐστι τῷ ἀνθρώπῳ ἄρχεσθαι καὶ καταλήγειν ὅπου καὶ τὰ ἄλογα, ἀλλὰ μᾶλλον ἔνθεν μὲν ἄρχεσθαι,

deren Tiere als Lebewesen, die ihre Eindrücke benutzen, aber er benötigte uns als Lebewesen, die der Art und Weise, wie wir sie benutzen, Aufmerksamkeit schenken. Deshalb genügt es für sie zu essen und zu trinken und zu schlafen und zu kopulieren und alles andere zu tun, das jede Art von Tier tut. Für uns hingegen, denen Gott zusätzlich die *Fähigkeit, Aufmerksamkeit zu schenken, gab, sind diese tierischen Aktivitäten nicht mehr ausreichend. Doch solange wir nicht angemessen handeln und methodisch vorgehen sowie in Einklang mit unserer individuellen Natur und Zusammensetzung handeln, werden wir unsere eigenen Ziele niemals erreichen.

Wesen, die verschiedene Zusammensetzungen haben, haben auch verschiedene Funktionen und Ziele. Bei jenen, deren Zusammensetzung so beschaffen ist, dass sie nur benutzen können, ist dies vollkommen ausreichend. Aber jene, die zusätzlich die Fähigkeit besitzen, Aufmerksamkeit zu schenken, werden nie ihre Ziele erreichen, ohne diese Fähigkeit nicht ordentlich zu trainieren.

καταλήγειν δὲ ἐφ’ ὃ κατέληξεν ἐφ’ ἡμῶν καὶ ἡ φύσις. κατέληξεν δ’ ἐπὶ θεωρίαν καὶ παρακολούθησιν καὶ σύμφωνον διεξαγωγὴν τῇ φύσει. ὁρᾶτε οὖν, μὴ ἀθέατοι τούτων ἀποθάνητε.

Und was folgt daraus?

Gott schuf jedes der anderen Tiere, damit sie entweder gegessen werden, dem Landmann dienen, Käse produzieren oder von anderem vergleichbarem Nutzen sind. Welche Notwendigkeit bestünde angesichts dieser Funktionen für die Fähigkeit, Eindrücken Aufmerksamkeit zu schenken und zwischen ihnen zu unterscheiden? Aber Gott wies den Menschen an, sich selbst und seine Werke zu studieren. Und sie sollten nicht nur Schüler sein, sondern auch in der Lage, diese Dinge zu erklären. Ist es also falsch, wenn wir dort anfangen und enden, wo die nicht vernunftgeleiteten Tiere ebenfalls anfangen und enden? Vielmehr sollten wir doch beginnen, wo sie beginnen, jedoch enden, wo die Natur in unserem Fall ein Ende setzte. Die Natur endete im Lernen und in der Fähigkeit, den Dingen und einem Lebensstil, der in Einklang mit sich selbst ist, Aufmerksamkeit zu schenken. Sorge also dafür, dass du nicht stirbst, ohne diese Dinge studiert zu haben.

4.7.7–17

Τὰ μὲν οὖν ἄλλα πάντα ἀπήλλακται τοῦ δύνασθαι παρακολουθεῖν τῇ διοικήσει αὐτοῦ· τὸ δὲ λογικὸν ζῷον ἀφορμὰς ἔχει πρὸς ἀναλογισμὸν τούτων ἁπάντων, ὅτι τε μέρος ἐστὶ καὶ ποῖόν τι μέρος καὶ ὅτι τὰ μέρη τοῖς ὅλοις εἴκειν ἔχει καλῶς. πρὸς τούτοις δὲ φύσει γενναῖον καὶ μεγαλόψυχον καὶ ἐλεύθερον γενόμενον ὁρᾷ, διότι τῶν περὶ αὐτὸ τὰ μὲν ἀκώλυτα ἔχει καὶ ἐπ᾽ αὐτῷ, τὰ δὲ κωλυτὰ καὶ ἐπ᾽ ἄλλοις· ἀκώλυτα μὲν τὰ προαιρετικά, κωλυτὰ δὲ τὰ ἀπροαίρετα. καὶ διὰ τοῦτο, ἐὰν μὲν ἐν τούτοις μόνοις ἡγήσηται τὸ ἀγαθὸν τὸ αὑτοῦ καὶ συμφέρον, τοῖς ἀκωλύτοις καὶ ἐφ᾽ ἑαυτῷ, ἐλεύθερον ἔσται, εὔρουν, εὔδαιμον, ἀβλαβές, μεγαλόφρον, εὐσεβές, χάριν ἔχον ὑπὲρ πάντων τῷ θεῷ, μηδαμοῦ μεμφόμενον μηδενὶ τῶν γενομένων, μηδενὶ ἐγκαλοῦν· ἂν δ᾽ ἐν τοῖς ἐκτὸς καὶ ἀπροαιρέτοις, ἀνάγκη κωλύεσθαι αὐτό, ἐμποδίζεσθαι, δουλεύειν τοῖς ἐκείνων ἔχουσιν ἐξουσίαν,

8. FREIHEIT UND MENSCHLICHE NATUR

Sämtliche anderen Lebewesen sind nicht mit der Fähigkeit ausgestattet, der göttlichen Herrschaft über die Welt Aufmerksamkeit zu schenken. Rationale Tiere jedoch haben durchaus die Möglichkeit, über all diese Dinge nachzudenken und zu der Schlussfolgerung zu gelangen, dass sie selbst ein Teil der Welt sind, ein Teil der besonderen Art, und dass es für diese Teile richtig ist, dem Ganzen Raum zu geben. Da es in ihrer Natur liegt, erhaben, von edler Gesinnung und frei zu sein, erkennen sie außerdem, dass sie in einer Welt leben, in der manche Dinge ungehindert sind und ihnen obliegen, während andere wiederum Beschränkungen unterliegen und anderen obliegen. Dinge der ersten Gruppe gehören der Sphäre des Willens an, während jene, die außerhalb dieser Sphäre liegen, behindert werden können. Beschränken rationale Tiere also ihr eigenes Wohl und Interesse ausschließlich auf die erste Kategorie – also auf jene Dinge, die unbeeinträchtigt

ἃ τεθαύμακεν καὶ φοβεῖται, ἀνάγκη δ' ἀσεβὲς εἶναι ἅτε βλάπτεσθαι οἰόμενον ὑπὸ τοῦ θεοῦ καὶ ἄνισον, ἀεὶ αὑτῷ τοῦ πλείονος περιποιητικόν, ἀνάγκη δὲ καὶ ταπεινὸν εἶναι καὶ μικροπρεπές.

Ταῦτα τί κωλύει διαλαβόντα ζῆν κούφως καὶ εὐηνίως, πάντα τὰ συμβαίνειν δυνάμενα πρᾴως ἐκδεχόμενον, τὰ δ' ἤδη συμβεβηκότα φέροντα ; θέλεις πενίαν ; φέρε καὶ γνώσῃ, τί ἐστὶ πενία τυχοῦσα καλοῦ ὑποκριτοῦ. " θέλεις ἀρχάς; " φέρε. θέλεις ἀναρχίαν; φέρε. ἀλλὰ πόνους θέλεις; φέρε καὶ πόνους. " ἀλλ' ἐξορισμόν; " ὅπου ἂν ἀπέλθω, ἐκεῖ μοι καλῶς ἔσται· καὶ γὰρ ἐνθάδε οὐ διὰ τὸν τόπον ἦν μοι καλῶς, ἀλλὰ διὰ τὰ δόγματα, ἃ μέλλω μετ' ἐμαυτοῦ ἀποφέρειν. οὐδὲ γὰρ δύναταί τις ἀφελέσθαι αὐτά, ἀλλὰ ταῦτα μόνα ἐμά ἐστι καὶ ἀναφαίρετα καὶ ἀρκεῖ μοι παρόντα, ὅπου ἂν ὦ καὶ ὅ τι ἂν ποιῶ. " ἀλλ' ἤδη καιρὸς ἀποθανεῖν." τί λέγεις ἀποθανεῖν; μὴ τραγῴδει τὸ πρᾶγμα, ἀλλ' εἰπὲ ὡς ἔχει " ἤδη καιρὸς τὴν ὕλην, ἐξ ὧν συνῆλθεν, εἰς ἐκεῖνα πάλιν ἀποκαταστῆναι." καὶ τί δεινόν ; τί μέλλει ἀπόλλυσθαι τῶν ἐν τῷ κόσμῳ, τί γενέσθαι

sind und nur ihnen obliegen – werden sie frei sein, zufrieden, glücklich, unversehrt, von edler Gesinnung, fromm. Sie werden Gott für alle Dinge dankbar sein und niemals etwas auszusetzen haben an dem, was geschehen ist oder jemandem deshalb einen Vorwurf machen. Wenn sie allerdings ihr Wohl und Interesse mit jenen Dingen gleichsetzen, die äußerlich und außerhalb der Sphäre des Willens sind, werden sie unweigerlich unter Zwang stehen und frustriert sein, denjenigen untertan, die über jenes gebieten, was sie bewundern und fürchten; sie werden keine Ehrfurcht kennen, denn sie glauben, dass Gott ihnen grollt. Sie werden ungerecht sein, denn sie wollen immer mehr für sich selbst; und es wird ihnen unweigerlich an Selbstachtung und Großzügigkeit mangeln.

Wenn du diese Wahrheiten verstehst, was kann dich dann noch an einer freien, leichten Lebensweise hindern, bei der du gelassen alles akzeptierst, was passieren kann, und dich mit dem abfindest, was schon geschehen ist? »Willst du, dass ich arm bin?« Nimm es auf dich, und du wirst lernen, was Armut bedeutet, wenn

καινόν, παράλογον; τούτων ἕνεκα φοβερός ἐστιν ὁ τύραννος; διὰ ταῦτα οἱ δορυφόροι μεγάλας δοκοῦσιν ἔχειν τὰς μαχαίρας καὶ ὀξείας; ἄλλοις ταῦτα· ἐμοὶ δ' ἔσκπται περὶ πάντων, εἰς ἐμὲ οὐδεὶς ἐξουσαν ἔχει. ἠλευθέρωμαι ὑπὸ τοῦ θεοῦ, ἔγνωκα αὐτοῦ τὰς ἐντολάς, οὐκέτι οὐδεὶς δουλαγωγῆσαί με δύναται, καρπιστὴν ἔχω οἷον δεῖ, δικαστὰς οἵους δεῖ.

du als guter Schauspieler diese Rolle spielst. »Willst du, dass ich ein Amt bekleide?« Nimm es auf dich. »Willst du, dass ich das Amt wieder aufgebe?« Nimm auch das auf dich. »Willst du, dass ich Schmerzen erleide?« Nimm auch diese auf dich. »Und Verbannung?« Wo immer ich hingehe, wird es mir gut gehen, denn es ging mir auch hier schon gut – nicht wegen meines Wohnortes, sondern aufgrund meiner Prinzipien, und die nehme ich mit mir. Niemand kann sie mir nehmen; sie sind mein einziger Besitz, unbeweglich. Sie genügen mir, wo immer ich bin und was immer ich tue.

»Aber nun wirst du bald sterben.«

Warum sagst du »sterben«? Mache daraus nichts Tragisches. Formuliere es so, wie es ist: »Es ist jetzt Zeit für den Stoff, aus dem du gemacht bist, zu den Wurzeln *zurückzukehren, aus denen er entstand.« Was ist schrecklich daran? Wird die Welt dadurch ihren Inhalt verlieren? Wird etwas Seltsames und Unerhörtes geschehen? Jagt der Tyrann uns deshalb Angst ein? Ist dies der Grund, warum die Schwerter der Wachen uns so lang und scharf vorkom-

1.6.37–42

Ἀπόβλεψον εἰς τὰς δυνάμεις ἃς ἔχεις καὶ ἀπιδὼν εἰπὲ "φέρε νῦν, ὦ Ζεῦ, ἣν θέλεις περίστασιν· ἔχω γὰρ παρασκευὴν ἐκ σοῦ μοι δεδομένην καὶ ἀφορμὰς πρὸς τὸ κοσμῆσαι διὰ τῶν ἀποβαινόντων ἐμαυτόν." οὔ· ἀλλὰ κάθησθε τὰ μὲν μὴ συμβῇ τρέμοντες, τῶν δὲ συμβαινόντων ὀδυρόμενοι καὶ πενθοῦντες καὶ στένοντες· εἶτα τοῖς θεοῖς ἐγκαλεῖτε. τί γάρ ἐστιν ἄλλο ἀκόλουθον τῇ τοιαύτῃ ἀγεννείᾳ ἢ καὶ ἀσέβεια; καίτοι ὅ γε θεὸς οὐ μόνον ἔδωκεν ἡμῖν τὰς δυνάμεις ταύτας, καθ' ἃς οἴσομεν

men? Sollen sich doch andere deshalb Sorgen machen. Ich habe alles von allen Seiten betrachtet und festgestellt, dass niemand über mich gebietet. Ich wurde von Gott befreit, ich habe seine Befehle kennengelernt, und niemand hat mehr die Macht, mich zu versklaven. Ich habe die rechte Art von Befreier und die rechte Art von Richter.

9. FREIHEIT UND WÜRDE

Studiere die Kräfte, die du besitzt, und sage sodann: »Lass, o Zeus, nun alles über mich kommen, wie es dir gefällt; denn ich besitze die notwendigen Mittel und Hilfen, die du mir zuteilwerden ließest, um mich durch die Dinge auszuzeichnen, die sich ereignen.« Nein! Du zitterst angstvoll vor dem, was geschehen könnte, weinst, klagst und jammerst über das, was tatsächlich geschieht, und dann gibst du den Göttern die Schuld. Die Schwäche, die du zeigst, läuft auf nichts weniger als Gottlosigkeit hinaus. Doch Gott hat uns diese Kräfte nicht nur

πᾶν τὸ ἀποβαῖνον μὴ ταπεινούμενοι μηδὲ συγκλώμενοι ὑπ᾽ αὐτοῦ, ἀλλ᾽ ὃ ἦν ἀγαθοῦ βασιλέως καὶ ταῖς ἀληθείαις πατρός, ἀκώλυτον τοῦτο ἔδωκεν, ἀναναγκαστον, ἀπαραπόδιστον, ὅλον αὐτὸ ἐφ᾽ ἡμῖν ἐποίησεν οὐδ᾽ αὐτῷ τινα πρὸς τοῦτο ἰσχὺν ἀπολιπών, ὥστε κωλῦσαι ἢ ἐμποδίσαι. ταῦτα ἔχοντες ἐλεύθερα καὶ ὑμέτερα μὴ χρῆσθε αὐτοῖς μηδ᾽ αἰσθάνεσθε τίνα εἰλήφατε καὶ παρὰ τίνος, ἀλλὰ κάθησθε πενθοῦντες καὶ στένοντες.

als Hilfsmittel gegeben, um alles zu ertragen, ohne davon gedemütigt oder niedergeschmettert zu werden. Er hat sie uns wie ein guter König und ein wahrer Vater ohne Hindernis oder Beschränkung oder Hemmnis gegeben. Er hat dafür gesorgt, dass sie uns voll und ganz obliegen, und hat sich noch nicht einmal selbst die Macht, uns zu behindern, vorbehalten. Da du diese Kräfte besitzt, frei und ganz und gar dir gehörend, warum nutzt du sie nicht und nimmst zur Kenntnis, was dir geschenkt wurde und von welchem Geber du sie erhalten hast, statt gramerfüllt und jammernd dazusitzen?

DANKSAGUNGEN

Ich schrieb dieses Buch auf Betreiben Rob Tempios von Princeton University Press hin. Er plante es als entsprechende Ergänzung zu der »Ancient Guide«-Serie des Verlages, und er hat mich in der Entstehungszeit durch seine Ermutigung und seinen Rat stets inspiriert. Ich bin ihm außerordentlich dankbar, ebenso wie Matt Rohal, Sara Lerner und Jay Boggis, die dieses Werk mit großer Sorgfalt und Sachkenntnis bis zum Ende begleiteten. Mein herzlichster Dank gilt auch Brad Inwood und Monique Elias, die meine erste Fassung der Übersetzung des *Encheiridion* lasen und verbesserten. Andrea Nightingale las eine Erstversion der Einleitung und gab mir mit der ihr eigenen Sachkenntnis und Großzügigkeit wertvolle Ratschläge. Die anonymen Leser, die das Werk vom Verlag vorab zur Verfügung gestellt bekamen, machten ebenfalls Vorschläge und trugen auf diese Weise zu seiner Verbesserung bei. Außerdem

gedenke ich Rob Dobbins, der während der Redaktionszeit dieses Buches verstarb. Rob, der einer meiner ersten Doktoranden in Berkeley war, leistete wertvolle Beiträge zum Studium des Epiktet. Während ich diesen Band verfasste, griff ich mehr als einmal nach seinen Büchern.

Ich widme dieses Buch meinem wunderbaren Freund und Mitarbeiter David Sedley mit großer Zuneigung und Bewunderung.

GLOSSAR

Angemessenes Verhalten: (griechisch: *kathēkonta*) Ein Fachbegriff für Verhalten, das im Allgemeinen der spezifischen Natur aller Lebewesen entspricht. Er deckt sowohl Verhalten im eigenen Interesse und solches im Interesse der anderen ab, wie die Versorgung des Nachwuchses oder das Engagement für die Gemeinschaft.

Aversion/Abneigung: Fachbegriff (griechisch: *ekklisis*) für eine äußerst negative Haltung dem gegenüber, was schlecht erscheint.

Billigung: siehe Zustimmung

Chrysipp oder Chrysippos von Soloi: Drittes Schulhaupt der Stoa in Athen (drittes Jahrhundert v. Chr.) und deren bedeutendster Vertreter, dem zahlreiche Schriften zugeschrieben werden.

Dinge, die der Natur zuwiderlaufen: Fachbegriff (griechisch: *ta para physin*) für alles im Stoizismus, das mit dem optimalen menschlichen Wohlbefinden nicht vereinbar ist. Der Ausdruck bezieht sich häufig auf Zustände wie körperliche Krankheit und Armut, die wir von Natur aus lieber meiden. Da eine erfolgreiche Vermeidung aber nicht »uns obliegt«, beschränkt Epiktet diesen Terminus hier auf anormale Geisteszustände wie zum Beispiel pathologische Gefühle oder unethische Beweggründe. Sie definiert er als den verstandesmäßigen Normen der menschlichen Natur zuwiderlaufend, vollkommen »uns obliegend« und damit auch absolut vermeidbar.

Diogenes: (vermutlich Mitte des vierten Jahrhunderts v. Chr.) Gründer der kynischen Philosophie und eine von Epiktets Ikonen.

Eindruck: Fachbegriff (griechisch: *phantasia*), manchmal auch übersetzt mit »Erscheinung«. Bezeichnet das, was dem Verstand unmittelbar zugänglich ist, entweder als sinnliches Erlebnis oder als Gedanke. Epiktet betrachtet es als Aufgabe der Stoiker, zu lernen und zu lehren, wie man Eindrücke richtig »nutzt« und »deutet«. Siehe Seite 30, 49.

Eteokles und Polyneikes: Die Söhne des Ödipus, die von ihm verflucht worden waren, einander gegenseitig zu töten, was sie im Streit um die Thronfolge taten; siehe Seite 109, 183.

Euphrates: (ausgehendes erstes Jahrhundert n. Chr.), ein stoischer Philosoph, der wegen seiner Vortragskunst berühmt war. Er wird von Epiktet zweimal in seinen *Lehrgesprächen* erwähnt, und die Herausgeber setzen seinen Namen hier als eine Korrektur der Handschriften ein, die an dieser Stelle den vertrauteren Namen Sokrates benutzten.

Fähigkeit, Aufmerksamkeit zu schenken: Fachbegriff (griechisch: *parakolouthēsis*) für die unverwechselbare menschliche Fähigkeit, Eindrücke zu beobachten und zu deuten.

Fortschritt: Fachbegriff (griechisch: *prokopē*) für Menschen, die sich dem Stoizismus als Lebensphilosophie verschrieben haben und beständig danach streben, ihr Leben zu verbessern.

Freiheit: Epiktets griechischer Begriff *eleutheria* meint die Freiheit im Allgemeinen. Die ursprüngliche Bedeutung von *libertas*, dem lateinischen Äquivalent zu diesem Wort, bezeichnet den Status eines freien Menschen im Unterschied zu dem eines Sklaven. Epiktet spielt immer wieder mit dieser Ambiguität, wobei er die stoische Philosophie als eine Art Freibrief von tatsächlicher Sklaverei sah, und tatsächliche Freiheit, die nicht von stoischer Philosophie gezügelt wird, als Versklavung durch Leidenschaften und falsche Überzeugungen betrachtete.

Geber: Metapher für die Vorsehung, die von der Stoa als Gottheit verstanden wird.

Gelassenheit: Der ideale stoische Gemütszustand, der hier durch zwei Schlagworte der hellenistischen Philosophie wiedergegeben wird: *apatheia* (wörtlich »unbeeinflusst«) und *ataraxia* (wörtlich »ungerührt«).

Gott/Götter: Im Singular oder unter dem Namen Zeus wird dieser Begriff benutzt, um den schicksalhaften Schöpfer der Welt und seinen allgegenwärtigen Mittelsmann zu beschreiben. Er ist gleichbedeutend mit Natur, Schicksal und der kosmischen Vernunft (*logos*), wird durch feurigen Atem verkörpert (*pneuma*) und ist im Menschen gegenwärtig in seiner Fähigkeit zur Vernunft. Im Plural ist der Begriff eine Konzession an den beliebten Polytheismus der damaligen Zeit, in dem Göttern den Eigenschaften der Natur ihren Namen geben. So wird die Sonne mit Apollon gleichgesetzt, Poseidon mit dem Ozean, Athene mit dem Verstand und Hermes mit der Vernunft.

Gut/Gutes: Im Stoizismus beziehen sich die Begriffe »gut« oder »Gutes« (griechisch: *agathos*) nur auf das »Ehrenhafte« (griechisch: *kalon*), was gleichbedeutend ist mit einem tugendhaften Charakter und tugendhaftem Verhalten.

Harmonie des Universums: Harmonie (griechisch: *symphonia*) beschwört das musikalische Lieblingsbeispiel der Stoa für eine unitäre Gruppe herauf. Die Einheit der Gegensätze ist eine Vorstellung, die auf die frühen griechischen Philosophen Pythagoras und Heraklit zurückgeht.

Harmonie mit der Natur/Einklang mit der Natur: Fachbegriff für das Ziel der Stoiker, sich sowohl entsprechend der menschlichen Natur als vernünftiges Tier als auch entsprechend der eigenen vorbestimmten und gottgegebenen Umstände zu verhalten.

Herakles: Starker Mann aus der Mythologie, der Ungeheuer erschlug, und der sowohl Kynikern als auch Stoikern als philosophisches Vorbild galt. Die Manuskripte des Epiktet schreiben zu diesem Zeitpunkt den Namen Heraklit, aber ich folge Louis-André Dorion und vermute, dass Herakles gemeint ist.

Herrschender Teil der Seele: Fachbegriff (griechisch: *hēgemonikon*) für die Vernunft oder den wesentlichen Teil der menschlichen Seele, bestehend aus Verstand, dessen Funktion darin besteht, das Selbst zu regieren und es zu seinem Verhalten zu ermächtigen.

Im Schlamm wälzen: Die athletische Sportart, die dieses Wort bildlich heraufbeschwört (griechisch: *parorussesthai*) ist fast wörtlich aus den *Lehrgesprächen* 3.15 übersetzt. Die Bedeutung ist nicht ganz klar. Aus den Details, die folgen, scheint Epiktet eine Art Ringkampf vor Augen zu haben, der in einer Grube stattfindet, die die Kämpfenden selbst gegraben haben.

Indifferent: Fachbegriff (griechisch: *adiaphoros*) für Dinge, die an sich weder gut noch schlecht sind, aber von denen, die sie erfahren, durchaus gut oder schlecht eingesetzt werden können.

Kapitän: Metapher für die Vorsehung, die von der Stoa als Gottheit verstanden wird.

Konjunktion und Disjunktion: Axiome der stoischen Logik. Epiktet erwähnt sie im *Encheiridion* 36, um mit dem griechischen Wort *axia* zu spielen, was sowohl logische Gültigkeit als auch menschlicher Wert bedeutet.

Menschen außerhalb deines Kreises: Der griechische Begriff (*idiōtai*) meint »gewöhnliche Menschen«, und so übersetze ich ihn auch in anderen Abschnitten des *Encheiridion*, aber Epiktet nutzt ihn auch, um Nicht-Philosophen von Philosophen abzugrenzen.

Modus Ponens/Voraussetzungen und Folgen: Epiktet bezieht sich auf die Terminologie der stoischen Logiker, die dies als geläufige Schlussfigur nutzten. Dabei wird aus zwei Prämissen eine Schlussfolgerung gezogen. »Wenn A, dann B«.

Motivation/Antrieb: Fachbegriff, häufig mit »Impuls« übersetzt (griechisch: *hormē*). Gemeint ist die verstandesmäßige

Fähigkeit, die die Ausführung von Handlungen motiviert und die auf der Zustimmung für bestimmte Eindrücke beruht.

Natürliche Bestimmung: Dieser Begriff bedeutet, dass Dinge unweigerlich geschehen werden, dass die Umstände vorherbestimmt sind und zwar unabhängig von ihrer Wirkung auf die beteiligten Individuen.

Natürliche Verbundenheit: Fachbegriff (griechisch: *oikeiōsis*) für die selbsterhaltenden und sozialen Instinkte von Lebewesen, die als naturalistische Basis der stoischen Ethik gilt.

Obolus: Kleine Silbermünze

Öffentliche Vorträge: Zur Zeit von Epiktet war es für Dichter, Philosophen und Redner üblich, ihre Arbeit bei öffentlichen Lesungen vorzustellen.

Prätor: Hoher Beamter im römischen Staats- und Verwaltungswesen.

Pythischer Apollon: Epiktet bezieht sich hier auf den Gott Apollon in seiner Funktion als Quell der Orakel, die ihm geweiht waren und ihren Sitz im Apollon-Tempel hatten. Die Pointe dieser Anekdote ist, dass man kein Orakel benötigt, um zu entscheiden, ob man sich in Zeiten der Gefahr der Hilfe eines Freundes versichern sollte.

Regisseur: Metapher für Vorsehung, die von der Stoa als Gottheit verstanden wird.

Rolle: Dieses Wort (griechisch: *prosōpon*, was so viel heißt wie Rolle in einem Theaterstück oder Schauspieler) ist Epiktets Lieblingsausdruck, um die individuelle Identität oder den Charakter zum Ausdruck zu bringen, den Menschen in der Art enthüllen, wie sie ihre familiäre oder soziale Position ausfüllen.

Rückkehr: Epiktet benutzt diesen Fachbegriff aus der Lehre der Stoa, um das finale Aufgehen aller Elemente der Welt und ihre Wiederherstellung und ihr Wiedervorkommen in einem immerwährenden, identischen Zyklus zu beschreiben.

Saturnalien: Ein römischer Festtag im Dezember zu Ehren des Gottes Saturn, an dem die römischen Sklaven einen Tag lang vollkommene Freiheit genossen mit der Erlaubnis, ihre Herren zu beleidigen und sich bei Tisch bedienen zu lassen.

Schlecht/Das Schlechte: Die Stoiker benutzten den Begriff »schlecht« oder »das Schlechte« (griechisch: *kakos*) nur im Hinblick auf moralisch Verwerfliches, beispielsweise um einen üblen Charakter oder unehrenhaftes Verhalten zu umschreiben. Die Welt als solche enthält von Natur aus nichts Schlechtes.

Sokrates (470–399 v. Chr.): Philosoph aus Athen, der der Gottlosigkeit und Jugendverhetzung angeklagt und hingerichtet wurde. Epiktet betrachtet ihn als idealen Menschen. Im *Encheiridion* 32 spielt Epiktet auf eine Anekdote an, von der Xenophon in seinen *Erinnerungen an Sokrates* I, 1, 7 berichtet. In Abschnitt 46 scheint sich Epiktet auf den Beginn von Platons Dialog *Protagoras* zu beziehen.

Umarmung von Statuen: Epiktet missbilligt die Praxis der Kyniker, nackt bei kaltem Wetter Statuen zu umarmen, um ihre Abhärtung zu demonstrieren.

Unzweifelhafte Eindrücke: Fachbegriff (griechisch: *phantasiai katalēptikai*) für Sinneseindrücke oder Gedanken, die offensichtlich Dinge so repräsentieren, wie sie tatsächlich sind.

Verlangen/Wunsch: Fachbegriff (griechisch: *orexis*) für eine starke, begierige Haltung dem gegenüber, was gut erscheint.

Vorbehalt: Fachbegriff (griechisch: *hypexairesis*), der beschreibt, wie Handelnde ihre Neigungen und Abneigungen durch den Einsatz der Vernunft wahlweise relativieren oder »zurückhalten« sollten, um angesichts einer unsicheren Zukunft flexibel zu sein und sie anzupassen.

Wille: Ein von Epiktet gern verwandter Begriff (griechisch: *prohairesis*) für die menschliche Fähigkeit der Selbstbestimmung und seine mentale Gesinnung. Das Wort wird manchmal auch mit Wahl, Sinn, Willenskraft oder Entscheidung übersetzt,

aber meiner Meinung nach ist »Wille« die natürlichste Entsprechung für das, was Epiktet mit dem Begriff aussagen wollte.

Zenon: Zypriotischer Gründer der stoischen Philosophie etwa um 300 v. Chr. in Athen.

Zitate: Die vier zitierten Passagen sind (1) vier Verse des stoischen Philosophen Cleanthes, (2) zwei Verse eines verlorengegangenen Stücks des Dramatikers Euripides und (3–4) Äußerungen, die Platon Sokrates in *Kriton* (43d) und der *Apologie* (30c) in den Mund legt.

Zustimmung: Fachbegriff (griechisch: *synkatathesis*) für die Fähigkeit des Verstandes, die Wahrheit und den Wert von Eindrücken zu billigen oder zu missbilligen. In stoischen Quellen (z.B. Cicero, *De Fato/Über das Schicksal*) wird diese Zustimmung als »Hauptursache« für menschliches Handeln und als Ursprungspunkt für Tätigkeit und Autonomie betrachtet; siehe Seite 169.

BIBLIOGRAPHIE

PRIMÄRLITERATUR

Dobbin, R., Epictetus, *Discourses and Selected Writings*. New York, Penguin, 2008.

Epiktet, *Encheiridion/Epictetus*. Hrsg. v. Boter, Gerald J., Berlin, Walter de Gruyter, 2012.

Epiktet, *Wege zum glücklichen Handeln*. Übers. und hrsg. v. Wilhelm Capelle, Frankfurt, Insel, 2009.

Epiktet, *Handbüchlein der Moral: Griechisch-Deutsch*. Übers. und hrsg. v. Kurt Steinmann. Ditzingen, Reclam, 2018.

Epictetus, *The Enchiridion*. Übers. und hrsg. v. Higginson, Thomas Wentworth. New York, Liberal Arts Press, 1950.

Epiktet, *Epiktets Diatribe, Über die Freiheit (4.1)*. Einleitung, Übersetzung, Kommentar v. Lothar Willms, Heidelberg, Universitätsverlag Winter GmbH, 2012.

Epiktet, *Was ist wahre Freiheit?: Diatribe IV 1 (Scripta Antiquitatis Posterioris ad Ethicam Religionemque pertinentia, Band 22)*, Hrsg. v. Samuel Vollenweider, Manuel Baumbach, Eva Ebel u.a., Tübingen, Mohr Siebeck, 2013.

Epictetus, *Epiktet – der Philosoph der Freiheit: was er wirklich sagte (eine Auswahl)*. Hrsg. v. Lothar Baus, Homburg/Saar, Asclepios Edition, 2017.

Gourinat, Jean-Baptiste, *Premières leçons sur le Manuel d'Epictète*. Paris, Presses Universitaires de France, 1998.

Hard R. in C. Gill (Hrsg.), *The Discourses of Epictetus*. Rugland, Vt., Everyman, 1993.

Long, G., *Enchiridion*. Amherst, N.Y., Prometheus Books, 1991. Neuauflage einer Übersetzung aus dem 19. Jahrhundert.

Oldfather, W.A., *Epictetus*. 2 Bände inkl. griech. Text. Cambridge/Massachussetts, Harvard University Press, 1925–1926.

Schenkl, H., *Dissertationes ab Arriano Digestae*. Leipzig, Teubner, 1916.

White, N.P., *Epicteus, The Handbook*. Indianapolis, Ind., Hackett, 1983.

SEKUNDÄRLITERATUR

Berlin, I., »Two Concepts of Liberty.« In. M. Sandel (Hrsg.), *Liberalism and its Critics*. New York, New York University Press, 1984, 15–36.

Billerbeck, Margarete, *Epiktet. Vom Kynismus*. Leiden, Brill, 1978.

Bonhöffer, Adolf, *Die Ethik des Stoikers Epiktet. Exkurse über einige wichtige Punkte der stoischen Ethik*. Stuttgart, Bad Cannstatt, Frommann, 1968.

Brandt, Ulrike, *Kommentar zu Epiktets Encheiridion*. Heidelberg, Universitätsverlag Winter, 2015.

Brennan, T. und C. Brittain, *Simplicius on Epictetus' »Handbook 27–53.«* 2 Bände, Ithaca, N.Y., Cornell University Press, 2002.

Brennan, T., *The Stoic Life: Emotions, Duties, Fate*. Oxford, Clarendon Press, 2005.

Dobbin, R., *Epictetus Discourses Book I.* Oxford, Clarendon Press, 1998.

Forschner, Maximilian, *Die Philosophie der Stoa: Logik, Physik und Ethik.* Darmstadt, Wissenschaftliche Buchgesellschaft, 2018.

Frede, M. A., *Free Will: Origins oft he Notion in Ancient Thought.* Berkeley, University of California Press, 2011.

Graver, M. R., *Stoicism and Emotion.* Chicago, University of Chicago Press, 2007.

Inwood, B., *Ethics and Human Action in Early Stoicism.* Oxford, Clarendon Press, 1985.

Johnson, B. E., *The Role Ethics of Epictetus. Stoicism in Ordinary Life.* Lanham, Md., Rowman & Littlefield, 2014.

Long, A. A., *Hellenistic Philosophy: Stoics, Epicureans, Sceptics.* Berkeley, University of California Press, 1986, 2. Auflage.

Ibid., *Stoic Studies.* Berkeley, University of California Press, 1996.

Ibid., Epictetus. *A Stoic and Socratic Guide to Life.* Oxford, Clarendon Press, 2002.

Ibid., *From Epicurus to Epictetus.* Oxford, Clarendon Press, 2006.

Neustadt, Ernst, *Stoa und Epikur.* Bielefeld, Velhagen & Klasing, 1927.

Patterson, O., *Freedom in the Making of Western Culture.* New York, Harper Collins, 1991.

Schriefl, Anna, *Stoische Philosophie: Eine Einführung.* Ditzingen, Reclam, 2019.

Sellars, J., *Stoicism.* Berkeley, University of California Press, 2006.

Sigg, Daniel, *Stoa und Epikur: Ein Vergleich ausgewählter Aspekte*. München, GRIN Verlag, 2016.

Sorabji, Richard, *Emotion and Peace of Mind: From Stoic Agitation to Christian Temptation*. Oxford, Oxford University Press, 2000.

Stephens, W. A., *Stoic Ehtics: Epictetus. Happiness as Freedom*. London, Continuum, 2007.

REGISTER

D

E

F

G

S

T

U